U0329961

中国工程院院士
是国家设立的工程科学技术方面的最高学术称号，为终身荣誉。

中国工程院院士传记

赵国藩传

姜文洲　贡金鑫　著

中国建筑工业出版社

人民出版社

图书在版编目（CIP）数据

赵国藩传 / 姜文洲，贡金鑫著. —北京：中国建
筑工业出版社：人民出版社，2021.6
（中国工程院院士传记）
ISBN 978-7-112-25631-0

Ⅰ. ① 赵… Ⅱ. ① 姜… ② 贡… Ⅲ. ① 赵国藩–传记
Ⅳ. ① K826.16

中国版本图书馆CIP数据核字（2020）第237654号

责任编辑：费海玲　张幼平
版式设计：锋尚设计
责任校对：王　烨

中国工程院院士传记
赵国藩传
姜文洲　贡金鑫　著
*
中国建筑工业出版社出版、发行（北京海淀三里河路9号）
各地新华书店、建筑书店经销
北京锋尚制版有限公司制版
北京中科印刷有限公司印刷
*
开本：787毫米×1092毫米　1/16　印张：17¼　插页：6　字数：240千字
2021年8月第一版　2021年8月第一次印刷
定价：**98.00元**
ISBN 978-7-112-25631-0
（36481）

中国工程院院士赵国藩

赵国藩和夫人张秀文（1949年）

赵国藩和夫人张秀文（2000 年）

赵国藩讲学（1986 年）

赵国藩应邀在日本东京大学讲学 (1987 年)

赵国藩应邀在捷克 Bron 工业大学作专题报告，与邀请人 Honig
校长（左一）讨论问题（1988 年）

赵国藩在大连理工大学结构大厅工作（1995 年）

赵国藩在福建省闽清县水口水电站（1997 年 11 月）

赵国藩在资料室（1999 年）

北京陈嘉庚科学奖技术科学奖颁奖大会（右三为赵国藩，2000 年 6 月）

上海交通大学大连校友会成立时学校领导向赵国藩颁发上海交通大学杰出
校友卓越成就奖（2011 年 6 月）

总　序

20世纪是中华民族千载难逢的伟大时代。千百万先烈前贤用鲜血和生命争得了百年巨变、民族复兴，推翻了帝制，击败了外侮，建立了新中国，独立于世界，赢得了尊严，不再受辱。改革开放，经济腾飞，科教兴国，生产力大发展，告别了饥寒，实现了小康。工业化雷鸣电掣，现代化指日可待。巨潮洪流，不容阻抑。

忆百年前之清末，从慈禧太后到满朝文武开始感到科学技术的重要，办"洋务"，派留学，改教育。但时机瞬逝，清廷被辛亥革命推翻。五四运动，民情激昂，吁求"德、赛"升堂，民主治国，科教兴邦。接踵而来的，是18年内战、14年抗日和3年解放战争。恃科学救国的青年学子，负笈留学或寒窗苦读，多数未遇机会，辜负了碧血丹心。

1928年6月9日，蔡元培主持建立了中国近代第一个国立综合性科研机构——中央研究院，设理化实业研究所、地质研究所、社会科学研究所和观象台4个研究机构，标志着国家建制科研机构的诞生。20年后，1948年3月26日遴选出81位院士（理工53位，人文28位），几乎都是20世纪初留学海外、卓有成就的科学家。

中国科技事业的大发展是在新中国成立以后。1949年11月1日成立了中国科学院，郭沫若任院长。1950—1960年有2500多名留学海外的科学家、工程师回到祖国，成为大规模发展中国科技事业的第一批领导骨干。国家按计划向苏联、东欧各国派遣1.8万各类科技人员留学，全都按期回国，成为建立科研和现代工业的骨干力量。高等学校从新中国成立初期的 200 所增加到 600 多所，年招生增至 28 万人。到 21 世纪初，高等学校 2263 所，年招生 600 多万人，科技人力总资源量超过 5000 万人，具有大学本科以上学历的科技人才达 1600 万人，已接近最发达国家水平。

新中国成立 70 多年来，从一穷二白成长为科技大国。年产钢铁从 1949 年的 15 万吨增加到 2011 年的粗钢 6.8 亿吨、钢材 8.8 亿吨，几乎是 8 个最发达国家（G8）总年产量的两倍。20 世纪 50 年代钢铁超英赶美的梦想终于成真。水泥年产 20 亿吨，超过全世界其他国家总产量。中国已是粮、棉、肉、蛋、水产、化肥等世界第一生产大国，保障了 13 亿人口的食品和穿衣安全。制造业、土木、水利、电力、交通、运输、电子通信、超级计算机等领域正迅速逼近世界前沿。"两弹一星"、高峡平湖、南水北调、高公高铁、航空航天等伟大工程的成功实施，无可争议地表明了中国科技事业的进步。

党的十一届三中全会以后，改革开放，全国工作转向以经济建设为中心。加速实现工业化是当务之急。大规模社会性基础设施建设，大科学工程、国防工程等是工业化社会的命脉，是数十年、上百年才能完成的任务。中国科学院张光斗、王大珩、师昌绪、张维、侯祥麟、罗沛霖等学部委员（院士）认为，为了顺利完成中华民族这项历史性任务，必须提高工程科学的地位，加速培养更多的工程科技人才。中国科学院原设的技术科学部已不能满足工程科学发展的时代需要。他们于 1992 年致书党中央、国务院，建议建立"中国工程科学技术院"，选举那些在工程科学中做出重大创造性成就和贡献、热爱祖国、学风正派的科学家和工程师为院士，授予终身荣誉，赋予科研和建设任务，指导学科发展，培养人才，对国家重大工程科学问题提出咨询建议。中央接受了他们的建议，于 1993 年决定建立中国工程院，聘请 30 名中国科学院院士和遴选 66 名院士共 96 名为中国工程院首批院士。于 1994 年 6 月 3 日，召开了中国工程院成立大会，选举朱光亚院士为首任院长。中国工程院成立后，全体院士紧密团结全国工程科技界共同奋斗，在各条战线上都发挥了重要作用，做出了新的贡献。

中国的现代科技事业起步比欧美落后了 200 年。虽然在 20 世纪有了巨大进步，但与发达国家相比，还有较大差距。祖国的工业化、现代化建设，任重道远，还需要数代人的持续奋斗才能完成。况且，世界在进步，科学无止境，社会无终态。欲把中国建设成科技强国，屹立于世界，必须持续培养造就数代以千万计的优秀科学家和工程师，服膺接力，担当使命，开拓创新，更立新功。

中国工程院决定组织出版《中国工程院院士传记》丛书，以记录他们对祖国和社会的丰功伟绩，传承他们治学为人的高尚品德、开拓创新的科学精神。他们是科技战线的功臣，民族振兴的脊梁。我们相信，这套传记的出版，能为史书增添新章，成为史乘中宝贵的科学财富，俾后人传承前贤筚路蓝缕的创业勇气、魄力和为国家、人民舍身奋斗的奉献精神。这就是中国前进的路。

目　　录

第一章

求学之路

赵国藩，1924 年 12 月 29 日（腊月初四）出生于山西省太原市一个生活尚堪温饱的家庭，籍贯山西省汾阳县（今汾阳市），共兄弟三人，赵国藩在家排行老大。

赵国藩的童年和少年时代是在军阀割据、混战和日本帝国主义侵略、奴役中度过的，那是一个内乱不断、内忧外患、人民饥寒交迫的年代。但就是这种黑暗的社会和做亡国奴的屈辱，使他萌生了科学救国的愿望，坚定了追求真理的信念；也正是这种艰苦的环境，铸造了他刚毅的性格和坚韧不拔的毅力，成为他日后以优异成绩考上国家一流大学的动力。

早期教育

1931 年，赵国藩 8 岁，父母把他送到太原的山西省立国民师范学校附属小学读书。

山西省立国民师范学校是一所历史悠久的学校，原是山西军阀阎锡山创办的一所专门培养全省小学教师的师范学校，始建于 1919 年 6 月。山西省立国民师范学校具有光荣的革命历史，曾经是中国共产党在山西著名的活动基地之一。我们党为发展壮大抗日民族力量，曾在这里建立了以军政训练班学员为骨干的山西第一支抗日武装——山西青年抗敌决死队，为创建山西新军奠定了基础，对抗日战争的全面胜利起到了重要作用。

赵国藩在山西省立国民师范学校附属小学不仅学到了文化知识，更重要的是学校的老师为他和他的同学们提供了爱国、强国的精神食粮，培养了他们振兴中华、建设未来新中国的理想。

老师们讲的抗日救国的道理，深深印在小国藩的脑海；山西北部平型关大捷，给这个幼小的心灵以巨大的鼓舞；在原平阻击战中光荣牺牲的那位旅长[1]，让他感到自豪，让他懂得了一个中国人为国捐躯是何等的荣耀。

赵国藩就是在这样一所学校读完了他的小学。

1937年11月2日至9日，为了保卫太原，抵抗日军的侵略，第二战区司令长官阎锡山组织了太原战役。负责守城的傅作义部，11月6日开始与日军交火。在日军飞机的轮番轰炸和炮火的猛烈轰击下，太原东、北两面城墙多处塌陷，最终日军突破了中国守军阵地。中国守军誓死不退，反复拉锯争夺，伤亡异常惨重。9日，太原城防总司令傅作义见局势已无法挽回，下令所部向西突围，太原遂告陷落。

在日本人围攻太原城之时，很多老百姓连夜渡过汾河走上了逃难之路。赵国藩随母亲和表舅，也加入了逃难的行列。路上，他们天当被、地当床，渴了喝点冷水，饿了吃点干硬的馒头。几经磨难，他们一家和他的表舅终于到了西安。

在西安，赵国藩的父亲靠朋友介绍，在一家学校找到了教员的职位。此时的赵国藩在山西铭贤中学读初中。他学习非常刻苦，每晚在小油灯下完成作业，整个班级共50人，他的成绩总是名列前茅。

对于这段经历，2002年，赵国藩是这样回顾的：

13岁小学毕业时，正逢1937年7月7日爆发的抗日战争，家乡沦陷。1937年冬，随母亲从沦陷区徒步逃难，腿上绑着"绑腿"，手里拿着木棍，跟着母亲骑的毛驴，一步一步跋山涉水，历尽千辛万苦，辗转逃到"大后方"。在贫困的逃难生活中，作为战区流亡学生，

---

[1] 指姜玉贞（1894—1937），任晋绥军旅长，1937年9月奉命死守原平，以掩护中国军队集结，在兵力极端悬殊情况下，姜玉贞率部坚守11天，完成了任务，最终壮烈牺牲。

艰难地在西安市郊区的农村读完了中学。①

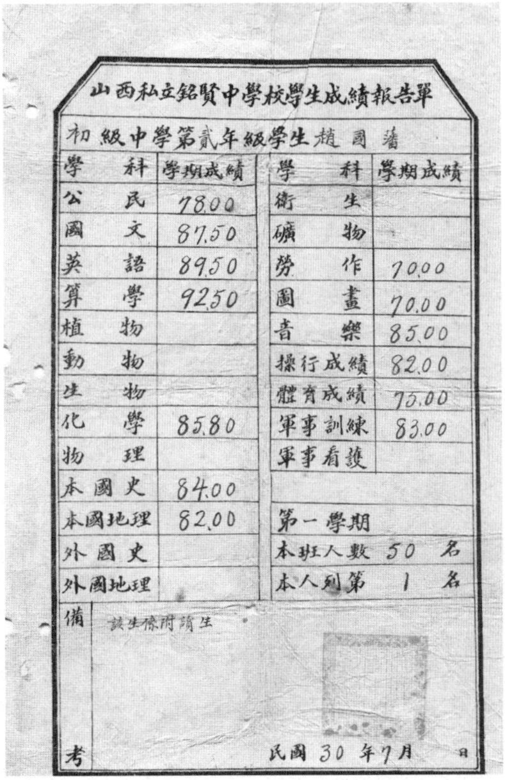

可憎的敌人飞机频繁轰炸，搅乱了正常的教学秩序，使学生们无法坚持正常学习。母亲不得不领着自己的三个孩子，投奔到四川农村的一家亲戚，借了一间小小的茅草房，安顿下来。生活来源靠父亲的那点微薄收入。母亲承担着全部家务劳动，茹苦含辛，呕心沥血，抚养着3个正在读书的儿子。她节省着一切能够省的费用，支持孩子们的学业。人家吃大米，她和孩子们吃红苕（红薯）；为了节省开支，她自己打草鞋，同时也教孩子们打草鞋的技术。童年时代的孩子们穿的草鞋，基本上都是他们自己打的。艰苦的生活，培养了他们自食其力及在恶劣条件下生存的能力，也磨炼了他们的意志，坚定了他们发奋读书的决心。

长期贫困、艰苦的生活使得赵国藩的母亲积劳成疾，一病不起。赵国藩一家当时所住的地方实属穷乡僻壤，那里缺医少药，加上孩子们面临突如其来的变故，不知所措，非常无助。母亲最终不治，带着对三个尚处于求学阶段的儿子的不尽牵挂和难舍永远地离开了他们，时年仅42岁。

图1-1　赵国藩在铭贤中学就读时第二年级成绩报告单（大连理工大学档案馆）

山西私立铭贤中学校学生成绩报告单

初级中学第贰年级学生 赵国藩

学　科	学期成绩	学　科	学期成绩
公　民	78.00	卫　生	
国　文	87.50	矿　物	
英　语	89.50	劳　作	70.00
算　学	92.50	图　画	70.00
植　物		音　乐	85.00
动　物		操行成绩	82.00
生　物		体育成绩	75.00
化　学	85.80	军事训练	83.00
物　理		军事看护	
本国史	84.00	第一学期	
本国地理	82.00	本班人数 50 名	
外国史		本人列第 1 名	
外国地理			
备	读生借用读生		
考		民国 30 年 7 月 日	

① 赵国藩：《赵国藩院士自述》，《沧桑》2002年第1期。

处理完母亲的后事，赵国藩带领着两个弟弟来到西安，回到了父亲的身边。1945年夏天，22岁的赵国藩高中毕业，希望继续深造，学好本领，为国家富强和民族振兴贡献力量。

报考五所大学

赵国藩的舅舅当年在四川全济煤矿担任技术员，是位大学毕业生，经济条件相对好一些。他得知自己的外甥高中毕业后想继续深造，非常高兴，很快就给外甥寄来了路费及有限的生活费，资助他到四川继续读书。就这样，赵国藩坐上"黄鱼车"（一种由司机带客人的运送邮件车），带着简单的行李，与几个高中同学结伴奔向抗战时期的"陪都"重庆。

1945年的盛夏，赵国藩在号称长江沿岸"三大火炉"之一的重庆整整煎烤了几个月，复习功课准备报考大学。这期间，他饿了买两块最便宜的干粮充饥，渴了就到茶馆里买最便宜的茶水喝。为了节省有限的生活费，即使是最便宜的旅馆，他也舍不得住，晚上就露宿街头。这时他从老家带来的被褥就派上了用场：睡觉时打开小褥子，铺在湿硬的石板地上；第二天一大早，把潮湿的褥子晾起来，晚上再继续使用。

当时有不少学生是不远千里来到大后方的。这些20岁左右的年轻学生，与赵国藩一样，从日本统治区辗转到后方，离井背乡，不知何时能回故乡，他们都怀抱着求知的欲望。赵国藩的一位同届校友胡文经（1945年考取重庆交大电信管理系），从1944年6月离开家乡，到重庆报考大学，一路走走停停，兼打零工维持生活，次年5月走到重庆。他回忆说：

到重庆时不仅钱无几文，且经几十天日晒雨淋，干干湿湿，身上衣服已破烂……如同乞丐。①

那时各大学都是独立考试的，不同的大学考试的时间也不同。所以，同一时间段可以报考几个大学。他奔跑在山城，第一个报考的是设在歌乐山的上海医学院，第二个报考的是设在磁器口的兵工大学。又在沙坪坝报考了设在三台县的东北大学和设在李庄的同济大学，在九龙坡报考了国立交通大学。国立交通大学招收34年度（民国三十四年）新生的消息是1945年8月23日发布的，这一天交大本部决定招收新生，重庆的报名地点在九龙坡，27—28日考试，9月15日张榜公布录取结果②。赵国藩在报考国立交通大学时填写了三个志愿：第一志愿为土木系、航空系，第二志愿为土木系、矿冶系，第三志愿为化工系、电机系。

经过几个月的辛勤付出，赵国藩的努力终于得到了回报：他先后被上海医学院、兵工大学、东北大学、同济大学和国立交通大学五所大学录取。赵国藩经过反复权衡，选中了国立交通大学（重庆总校）土木工程系结构工程专业。这种选择的主要原因，其一是国立交通大学的本科学制4年，另外4所，除东北大学外，不是本科5年，就是本科4年之前加预科1年。他想尽早毕业，尽早工作，帮助两个弟弟完成学业。其二是当时在国立交通大学读书是免学费的。如果能就读于一所公立大学，在校期间，学费、生活费是免收的，可以安心学习，不用为生活而担心，对于一个家庭经济状况不好的人来说，这一点是至关重要的。终于，赵国藩在报刊上公布的名单中得知自己被国立交通大学录取了。

当时每个考生的心情都一样，拿到报纸想看也不敢看，希望自己

---

① 上海交通大学校史编纂委员会编《上海交通大学纪事（1896—2005）》上册，上海交通大学出版社，2006，第184页。

② 上海交通大学校史编纂委员会编《上海交通大学纪事（1896—2005）》，第354页。

图 1-2　张先俊夫妇接受访谈的照片（2013 年 11 月）

被录取，又怕看不见自己的名字。他的同班同学张先俊这样回忆当时的情景：

> 到了重庆不久，我就参加了交大的入学考试，交大录取的学生上榜名单是登载在规定的报纸上。那天，我紧张地看路旁张贴报纸上的录取名单，在太阳光照射下，开始久久看不到自己的名字，眼泪都流下来，就更看不清楚了。擦干眼泪再第二次注目观看，这才看清自己的名字，一时喜上心头，好像压在心中一块大石头总算落地了①。

赵国藩是一位在西安郊区高中读书毕业的学生，能够被五所大学同时录取非常不简单，尤其是国立交通大学，能够被录取是非常不容易的。因为与他竞争的大多是上海南洋模范中学和上海中学的优等考生。据与他一同报考国立交通大学的考生何祚庥回忆说：

---

① 2013 年 11 月 30 日对张先俊访谈时提供的回忆资料。

母亲告诉我，父亲的遗愿就是一定让我和弟弟进大学，受好的教育，所以鼓励我们上南洋模范中学，然后进入交通大学。南洋模范中学是当时上海最好的中学之一，数理化水准很高。

1945年6月底7月初，我参加交通大学招生考试。那时，中学毕业生最向往的就是进交大。南洋模范中学的成绩很好，一举把交大所有好系的名额都占了。当时，除南洋模范中学之外，上海还有一个著名的中学，就是上海中学。两个学校互相竞争，看高考的时候谁考取的多，谁考在前面。这一年，上海南洋模范中学大胜，好的成绩基本上是南模出去的，上海中学排在后面，南模的老师非常得意。[1]

由此可见，作为一个外地学生，能够考上这所大学的土木工程系是很不容易的，赵国藩不但考上了这所大学，同时也被另外四所大学录取，展示了赵国藩的聪颖和扎实的知识功底。

在九龙坡校园

上海交通大学的前身是创办于1896年的南洋公学，创办人是盛宣怀。南洋公学是在维新变法思潮的推动下创办的，当时维新派在文化教育制度上提倡"西学"，要求国家在学政方面进行改革。

1937年，日本帝国主义对我国发动了侵略战争。为免遭破坏，包括交通大学在内的一大批大学陆续内迁。1940年秋，交通大学分校在重庆小龙坎成立并招生。1942年10月，教育部下令将分校改为国立交通

---

① 朱隆泉主编《思源湖：上海交通大学百年故事撷英》，上海交通大学出版社，2006，第197页。

大学本部，并于当月中旬由小龙坎迁入九龙坡新校舍。"新校舍占地近500余亩，有办公室在大礼堂楼房1座、教室2座、男生宿舍2幢、女士宿舍6间，教职员宿舍13座，操场、工房、饭堂等均全。"[1]

九龙坡距离重庆市区约20km左右，位于嘉陵江畔。这里风景优美，远离闹市，远离战争。在烽火连天的战乱年代，交通大学的师生们总算找到了一个比较安静的读书场所。

虽然能够稳定下来读书了，但生活条件非常差。据赵国藩的大学同学张琳回忆说：

> 重庆是非常艰苦的，住的席棚子墙，抹一层泥，房顶上也一样，四处透风，每间房子住有七八个人。[2]

每间房子上下双人床摆得很密，中间过道只能容一个人通过，非常拥挤，空气浑浊。

食堂是学校办的，学生膳食委员会派人轮流监督。赵国藩和他的同学们常常轮流值班与炊事员一起到集市买菜，晚上则睡在粮库里防止偷盗。在谈到九龙坡伙食状况时，张琳回忆说：

> 当时在后方条件并不好太多，好在那时候，大学都是公费，全部是公费，就是吃饭不要钱，什么学费、生活费都不要。学生组织一个委员会管理伙食，一个月换一次。当时的伙食很不好，大米都是发霉的，你还不能不吃，菜就是开水泡白菜（顿顿都这样）。[3]

---

[1] 盛懿、孙萍、欧七斤编著：《三个世纪的跨越：从南洋公学到上海交通大学》，上海交通大学出版社，2009，第180页。

[2] 张琳访谈录，2013年1月25日，北京。资料存于采集工程数据库。

[3] 张琳访谈录，2013年1月25日，北京。资料存于采集工程数据库。

伙食管理委员尽量把钱都留在当月最后一天打牙祭，午餐或者晚餐吃得好一点。抗战胜利以后，条件略有改善，联合国善后救济总署有时给中国一些大米和面粉，面粉可能是美国或者加拿大的。师生们有时候一连好多天吃这种大米，也基本是发霉的，只是数量不限，大家能够吃得饱了一点。

九龙坡校园里缺水，吃用的水都是从山下一担担挑来的。师生们往往是一水多用。校园里没有盥洗室，洗脸、刷牙就到学校旁离公路不远的水池旁，用水池的水简单对付一下。洗澡，夏天到野外稻田旁，用脸盆或小竹筒舀水往身上冲一冲就行了，冬天天气太冷不能用水冲了，很多人身上长虱子、生疥癣。

尽管九龙坡的生活非常艰苦，但并没有影响学生们的求知欲望，也没有影响老师授业解惑的热情，师生关系极为融洽，充溢着团结和友爱。教师们简陋的小屋中，不时有学生来访，愉快交谈，笑声朗朗。校长吴保丰[①]体型较胖，学生们戏说校长"腹似如来，心似观音"，和他在一起，亲如家人，一起吃饭，没有任何拘束。艰苦的条件下，多数学生没有经济来源，生活困窘，同学之间相互帮助，相互接济，他们自己调侃"穷帮穷"。这些苦难年代建立的友谊，成为支撑老师用心教、学生努力学、共同报效祖国的精神支柱。

赵国藩和他的同学们就是在这样艰苦的条件下度过了他们在交通大学九龙坡校园第一学期的大学生活。在这一学期中，张琳说："赵国藩当时学习很努力，学习成绩始终在最前面，为此他当上了我们班的班长。"[②]赵国藩担任班长，虽然耗费了许多宝贵的学习时间，但锻炼了他处理各种关系和组织协调的能力，为后来管理好他的科研团队奠定了基础。

---

① 吴保丰（1899—1963），字嘉谷，江苏昆山人。1941年7月，任交大重庆分校主任，次年8月重庆九龙坡新校舍落成后，成立了国立交通大学本部，吴代理校长，1944年起正式就任校长。

② 张琳访谈录，2013年1月25日，北京，资料存于采集工程数据库。

各级别的班长名单
三十五年度各班科代表

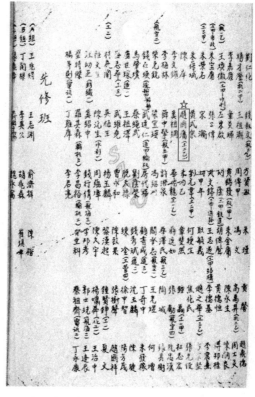

图1-3　各个班的班长名单（上海交通大学档案馆）

"复员"上海

　　1945年8月15日，日本宣布无条件投降，中国人民终于取得了艰苦卓绝的抗日战争的胜利。8月20日，时任校长吴保丰在重庆召开交通大学渝校复员工作会议，研究恢复徐家汇校园和复员（单位从战时状态转入和平，返回原地，简称复员）上海等事项，最后决定全部师生分六批返回上海校园。

赵国藩是第五批复员上海的。这批返校的师生共 870 人，他们是一年级的全部学生和部分二年级的学生，先乘汽车后换火车，沿途经过成都、宝鸡、开封、西安。每天从九龙坡发出几辆汽车，每车 25 人，浩浩荡荡离开九龙坡校园。那段时间，崎岖的川陕公路上到处都能遇见交通大学的师生和汽车，沿途的旅馆、饭店、公房等到处都可以看到交通大学的学生，整条公路几乎变成了交大的专用线，车来车往，人声鼎沸。

他们乘汽车从重庆到西安后，再由西安乘火车至徐州，转京沪铁路的火车回上海。在西安火车站，学生们已上火车，火车尚未开动，突然闯进来一群国民党军士兵，要强行登车。学生们所在的车厢内已很拥挤，无法再挤入大批军人，一些同学加以劝阻，不料一名军人拿起步枪，把枪伸入火车窗户，拉开枪栓，大叫要开枪，并准备继续强行登车。此时，作为班长的赵国藩挺身而出，紧紧地抓住枪不放，并大声对车下的那群国民党军士兵说，我看你们谁敢开枪。就这样僵持了一段时间，那群国民党军士兵理屈词穷，狼狈地散去了。这次事件发生后，同学们对赵国藩有了新的认识，他们没有想到外表儒雅的赵国藩竟有如此大的勇气和胆量。

经过一个多月的奔波，赵国藩与他的同学、老师们历尽千辛万苦，终于在 1946 年 4 月中旬抵达上海。据上海交通大学校史记载："复员的速度据说属'全国之冠'。"[1] "1946 年底，交大的在校教职员 409 人，本科生达到 2769 人，学生规模比战时增加千人左右。"[2]

---

[1] 王宗光主编《上海交通大学史　第四卷（1937—1949）》，上海：上海交通大学出版社，2011 年，第 202 页。

[2] 王宗光主编《上海交通大学史　第四卷（1937—1949）》，第 206 页。

受名师指点

在赵国藩的一生中，对他影响最大的老师是他在上海交通大学读书时，教他"应用力学""材料力学""水力学""结构学"等土木系主干课程，并帮助他发表第一篇学术论文的徐芝纶教授[①]。2014年春节前夕，大连理工大学建设工程学部的领导到赵国藩家中看望他时，他正在认真地阅读采集小组赠送给他的《力学宗师：徐芝纶院士诞辰100周年纪念文集》。他满怀深情地对看望他的学部领导说："徐芝纶教授是我的恩师，我一辈子都不会忘记他。"

徐芝纶教授1946年8月应聘到上海交通大学土木系任教授。1948年8月，转入学校新成立的水利工程系任教授。水利工程系成立初期，由土木工程系主任王达时[②]、陈本端[③] 兼任系主任，教学工作由土木系教师兼顾。1948年9月，学校聘任徐芝纶教授任专职系主任。

徐芝纶到任后，积极在全国范围内聘请名师，

图1-4　徐芝纶教授几十年如一日地坚守在教学第一线

---

① 徐芝纶（1911—1999），江苏江都人，中国科学院院士。著作《弹性力学》分别获全国科技图书一等奖和国家教委高等院校优秀教材特等奖。

② 王达时（1912—1996），江苏宜兴人。曾任上海交通大学教授、工学院院长。高等工业学校建筑结构类专业教材编审委员会主任。

③ 陈本端（1906—　　），江西新城钟贤（今江西省黎川县中田乡）人，著名道路工程专家、教育家。

逐步形成由国内5名水利著名教授和2名讲师、助教组成的教师队伍。强大的师资队伍保证了水利工程系的教学质量。

这一时期在水利工程系先后任教的教师除了徐芝纶外，还有张有龄、严恺、刘光文、谢家泽、吴永祯、詹道江、王承树等。

学校从重庆回到上海后，教学逐渐步入正轨，赵国藩学习更加努力。徐芝纶教授所开设的"应用力学""材料力学""水力学""结构学"（现在称"结构力学"）等一系列土木系主干课程，均是赵国藩最喜欢学习的。谈到徐芝纶教授的授课水平时，赵国藩非常钦佩地说：

他（徐芝纶）学识渊博，教学深入浅出，如一溪清水，透彻见底。听他讲课时，往往不知不觉下课铃就响了，真是终身受益。[①]

据赵国藩的好友、1948年9月入学的校友周氏回忆说：

刚进入上海交大，他就知道了徐老师是著名的力学专家和教育家。他讲课效果之好，教学质量之高早已誉满全校。徐老师亲自讲授理论力学、材料力学、结构力学等课程。每次讲课，课堂都被挤得满满的，因为许多土木系的学生也都来旁听。当时还曾传说，徐老师讲课的质量太高，其他教授不敢轻易再接后续的力学课程了。许多校友毕业后都以"我听过徐老师的课"为荣，并以"我的力学课程是徐芝纶讲授的"作为自身业务水平的一种衡量。[②]

1945年9月3日，渝校国立交通大学出版委员会编辑的《交大学报》创刊号出版。在《发刊词》中吴保丰校长特别提出要求，希望

---

① 大连市关心下一代工作委员会编《科学家寄语下一代》，大连出版社，2002，第2页。
② 徐芝纶院士诞辰100周年纪念文集编委会《力学宗师 徐芝纶院士诞辰100周年纪念文集》，河海大学出版社，2011，第75页。

广大教师能继续将"研究所得，发表论述，共诸同好，互相研讨，俾学理因切磋而益明，事业因互助而尤宏"。赵国藩听课投入、笔记认真、学习刻苦，引起了徐芝纶教授的极大关注。为了积极响应学校的号召，徐芝纶教授将赵国藩所写的"结构力学"听课心得，逐段、逐句、逐字地推敲，细心修改，推荐到当时的交大内部刊物《交大土木》上发表，成为赵国藩人生的第一篇文章。

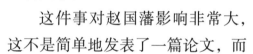

图1-5 《交大土木》刊物的封面

这件事对赵国藩影响非常大，这不是简单地发表了一篇论文，而是徐芝纶教授帮他迈开了科研道路上的第一步。他在公开发表的资料中多次提及此事，感谢对他科研人生的启蒙。受徐芝纶的影响，后来他自己当上教授，指导学生写论文时，总是认真批改，从不马虎。他的这一优良传统使他的学生们无比受益，也被他的学生们学习和继承，为他们指导自己的学生和年轻团队成员成长起到了良好的示范作用。赵国藩在谈到老师与学生的关系时，深有体会地说：

历代教育家提出的"为人师表""以身作则""循循善诱""诲人不倦"等，既是师德规范，又是教师良好人格的体现。教师是学生增长知识和思想进步的导师，教师的一言一行无不给学生留下深刻的印象，有的甚至可以影响学生一辈子。因此，教师一定要在思想政治上、道德品质上、学识学风上，全面以身作则，自觉率先垂范，真正为人师表。[1]

----

[1] 大连市关心下一代工作委员会编《科学家寄语下一代》，大连出版社，2002，第2页。

徐芝纶教授为赵国藩修改和推荐论文一事，不仅使赵国藩终身受益，上海交通大学也将此事作为师生关系融洽和老师爱护学生、挖掘人才的经典事例写入《上海交通大学史》中：

交大教师在教学上以严格著称，但是，那时的师生关系十分融洽。……1949届校友赵国藩也谈到，他在大三时，听徐芝纶教授讲授结构力学。课余，徐教授曾指导他将听课学习心得写成一篇论文，并亲自斟字酌句地修改后推荐给《交大土木》期刊。论文被录用发表，使他很受鼓舞，坚定了他追求知识、探索真理的兴趣与志向。[1]

加入党组织

上海交通大学是一所历史悠久和具有革命传统的高等学府，1925年建立了中共地下党组织。从其创建到1949年上海解放，在极其艰难曲折的斗争环境中，中共地下党组织始终领导着交大的学生运动，成为新民主主义革命中活跃在第二条战线上的中坚力量。交大的党组织在血与火的革命斗争中不断总结经验和吸取教训，壮大革命队伍，党员队伍从建党初期时的8人，发展到中华人民共和国成立前夕的198人，他们为救国、建国、强国作出了卓越的贡献。

赵国藩1945年到上海交通大学时只有20岁，正值风华正茂的年龄。他怀着对未来的憧憬，以学好科学技术、科学救国为己任开始了求学生涯。然而，民族的危亡、政府的腐败使他很快从希望转为

[1] 王宗光主编《上海交通大学史 第四卷（1937—1949）》，2011，第233页。

失望，曾一度陷入迷茫、惶惑之中。1947 年，在上海交大地下党党员张先俊[1]和马啸[2]的引导下，赵国藩加入上海中共地下党的外围组织——新民主主义青年联合会（上海解放后，转为新民主主义青年团）。1949 年 3 月，也就是大学四年级的时候，他加入了中国共产党。他坚信，只有共产党才能救中国。从此他积极投身到学生爱国运动中。他认为，参加爱国运动和努力学习、科学救国一样，都是时代赋予中国青年的使命。

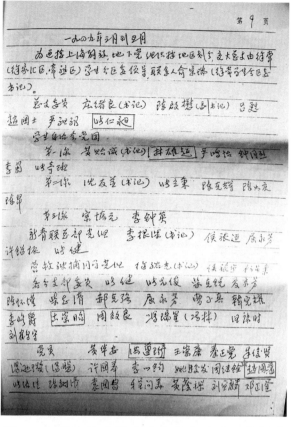

图 1-6　张先俊发展上海交大中共地下党员的名单（1949 年）（张先俊个人手中）

张先俊是赵国藩的四年同窗好友，是赵国藩的入党介绍人。采集小组专程对张先俊先生进行了采访，他说：

辽沈、平津两大战役已胜利结束，淮海战役即将胜利前夕，上海正处于白色恐怖的气氛中，国民党特务加大对各大学"学运"的监视，

---

① 张先俊 1926 年 10 月出生。1949 年毕业于上海交通大学，毕业后在上海市委担任领导秘书。

② 马啸（1924—1997），安徽安庆人，中共党员、离休干部。

图1-7　赵国藩（右一）与马啸（右二）、戴曙（右三）等在大连宴请回国的交大老同学（1992年）

而地下党总支提出为迎接上海解放，要大力发展积极分子加入中国共产党。我作为土木工程系支部委员，在短短四个月中，发展了四名同学入党。从个别谈话入手，了解他们对党的认识，是否有强烈入党要求，和准备为革命献身思想，以及家庭情况，这种活动彼此间是一种"自我暴露"。一方要表明自己地下党党员的身份，另一方要表明自己有加入中国共产党的愿望，对双方都是严峻的考验。这些活动必须避开校内的特务监视，必定冒一定的风险，让他们写入党申请报告，内容有：自己历史，对党的认识，提出入党要求，表示为革命奋斗终生的决心。将入党申请报告转交党组织审查，批准后，通知本人已批准，并编入党小组，开展活动。我先后发展了土木工程系的陈帛、王拓、朱俊贤和赵国藩四人入党。特别是土木系班长赵国藩入党后，地下党总支极为重视，总支副书记俞家瑞专门找我调查发展赵国藩入党经过和情况，并给予肯定和鼓励。[①]

　　马啸是1944年考入交通大学的。入学后他就积极参加中共地下党领导的爱国学生运动，1946年被选为交通大学学生自治会的系科代表、对外谈判代表、学生自治会委员、常务委员。在"反饥饿反内战"、反美军暴行、抗议反动当局、"九龙事件"反对卖国外交大游行等许多学生运动中，他始终站在斗争前列。

① 内部资料，张先俊个人传略。

2002 年 6 月，时值马啸逝世 5 周年之际，赵国藩致信马啸的夫人李竹，深切地表达了他对校友、学长的感激和怀念之情。他在信中写道：

收到您的热情的来信，特别是关于马啸兄的逝世五周年纪念文章。读后，为啸兄的多年对众多同志，包括对我的热情培养和教育，为之感动而落泪，真是千言万语难以表达我对啸兄感激之情！①

2007 年，马啸逝世 10 周年，赵国藩怀着十分悲痛的心情发表文章，悼念马啸，追忆了他们长达 50 多年的交往和友谊，并讲述了大学时代曾追随这位杰出的学生运动领袖，从上海到南京参加反对蒋介石的学生运动，并在金陵大学等院校聆听他以充分的事实揭露蒋介石反动政府腐朽本质的精彩演讲。

马啸追求真理、向往自由、反对腐败和独裁的正义行动，惹怒了国民党反动派并遭到通缉，对此赵国藩这样写道：

蒋介石反动政府把他作为首要逮捕的要犯，于 1948 年某日突然派大批反动军警到上海徐家汇交通大学学生宿舍对他进行逮捕。但在上海我地下党的安排下，他得以及时撤离，进入东北解放区，参加了建设大连大学工学院的工作，为新中国教育事业，从多方面作出了贡献。后来我们（赵国藩与马啸）又成为同事，共同为大连理工大学的发展并肩奋斗。②

赵国藩在交大加入中共地下党期间，也受到国民党军警特务的监视。他们经常半夜抓人，将宿舍团团包围，让同学拿出学生证，一个

①《深切怀念马啸》，内部资料。
②《只留清白在人间——纪念马啸文集》，内部资料。

个地核对，在名单上找到的就抓走。赵国藩的同班同学张琳，曾目睹了一次国民党军警搜捕交大中共地下党的往事。那是 1949 年 4 月的一个夜里，"我们的宿舍楼突然闯进来了一帮国民党军警，他们封锁了整个楼道，逐个房间搜查，不许任何人走动。我与赵国藩住在一个宿舍，床铺挨在一起。不知为什么他们没有搜查我们的房间便走了。"通过张琳的讲述，我们知道赵国藩加入中共地下党后，时刻面临着被逮捕和坐牢的危险。

这一时期的交大学生，经过民主运动浪潮的洗礼和交大严谨学风的熏陶，大部分成为拥护共产党、热爱新中国、在解放战争和中华人民共和国成立后的社会主义建设中作出卓越贡献的人才。他们追求真理，坚持真理，治学态度严谨，善于在工作中不断学习，当中有多人当选为中国科学院院士或中国工程院院士。

品学兼优

上海交通大学作为当时中国一所著名的大学，考入的学生一般基础都比较好，但由于多年的战争，很多学生的家境都比较清苦。有些同学只能靠勤工俭学维持学业，有的做家教，有的清晨送报纸。据比赵国藩低一个年级的校友回忆说；

我家中经济条件也不好，我就到校外当家教，在徐家汇教过好几个孩子。大学生当家教并不普遍，我们班上有十分之一或十分之二的同学当过家教。当时交大在上海是最有名气的。凡是交大学生出去找家教，一定能找到。学校没有为学生提供工作机会。譬如打开水等，是由校工来干的。但相当注重学生自治能力的锻炼，当年食堂、合作社、洗衣铺等都是学生自己管理的。[①]

赵国藩的经历也是如此，他家境贫寒，经常利用业余时间做家教，以补贴自己的生活。

考上交通大学不容易，但也并不是考上就万事大吉了，这是因为考上交大只是过了第一关，以后的考试会接二连三。按照当时交通大学的学籍规定，大学一年级新生及转学生入学考试分为笔试、口试及体格检验，均须及格后才能录取。

1943 年通过的《国立交通大学考试规则》规定："本校考试分学期考、临时考、补考、甄别考、会考五种。"临时考的次数和日期由任课老师自行酌定，一般是每学期 1 学分的课程临时考试至少两次，每学期 2 学分的课程临时考试至少 3 次，以此类推。关于补考，交通大学规定，学生学期成绩不及格课程的学分总和不满该学期所修学分总和的三分之一，同时不及格科目成绩在 40 分以上的，可以进行补考，但以一次为限，不能以任何理由请求进行第二次补考，补考仍不及格的，要重修；不及格课程不满 40 分的，不得补考，要重修。

交通大学考试课程较多，考场纪律也非常严格："一、在考题发出后，每次只准一人出场，且第一人未返场时第二人不得出场。一有交卷者离场，未交卷都即不准出场。二、每场大小考，学生均须随带注册证放置桌上，以便随时查对。三、小考时学生之书本笔记等均应缴收，其经教员准予参考者不在此限。在考试中如发现学生有作弊行为，一律从严处理，轻者补考、记过或留级，重者开除。"

赵国藩考入交通大学后，深知学习机会来之不易，所以他非常珍惜时间，勤奋学习，丝毫不敢懈怠。谈起赵国藩在上海交大学习的情况，他的同班同学张琳和张先俊说，赵国藩在班级里学习刻苦，成绩优等，

---

① 朱隆泉主编《思源湖：上海交通大学百年故事撷英》，上海交通大学出版社，2006，第 204 页。

班级考试经常是第一名。无论是在九龙坡时还是在上海时，他经常担任班级的班长。据上海交大1947届校友陈警众回忆，那个年代交通大学有个传统，学生按入学成绩进行排名，第一名为班长。

那时交大流传着这样的说法，一年级配眼镜，二年级买痰盂。因为功课太紧，营养又不好，一年级得了近视眼就要配眼镜，到二年级积劳成疾，得了肺结核病，就需要买痰盂了。赵国藩的近视就是在考入交通大学后形成的。因为战争时期生活贫困，条件简陋，学业又繁重，交通大学学生体质下降。1947年4月，学校中患有肺结核病的人数比例约达13.9％。这种情况引起了学校领导的重视，他们倡导学生积极进行体育锻炼，强壮身体，以便更好地完成学业。

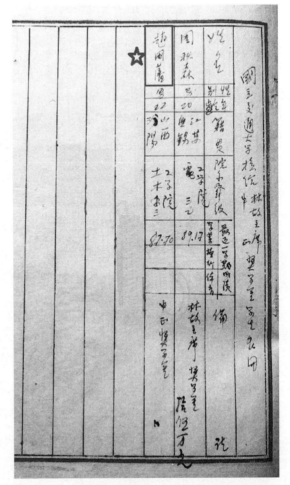

图1-8　奖学金名单（上海交通大学档案馆）

赵国藩兴趣广泛，除了学习外，还经常参加一些体育运动，在诸多的体育项目中他最喜欢踢足球。张琳曾回忆说：

赵国藩酷爱足球运动，尽管他身体、速度、技术都一般，但他踢起球来非常勇猛。有一次对方守门员抛球，他用头球抢球，由于用力过猛，身体失去平衡，跌倒在地。从地上站起来后，发现眼镜碰碎了，腿也出血了。[①]

重视实践是交通大学的优良传统。土木系尤其对于实地研习及编写报告等教学环节非常重视。抗战胜利后，土木系进一步加强了对已有的测量仪器室、道路材料实验室、普通材料实验室、结构工程实验室、桥梁模型室的建设，又新建了水利实验室和水利工程实验室。"各实验室之仪器设备，战时损失甚微，再经积极充实，并得联总教育器材充实后，在国内可称设备最完善之一系。"

为了搞好实地研习，交通大学土木系经常将实验课程搬到工程现场、工厂、企业完成。1946年7月，土木系学生40余人由教授陈本端带队，赴杭州灵隐寺山峰地区进行大地测量和天文测量实习。据赵国藩的同班同学张先俊回忆，他与赵国藩都参加了这次实习，他们很珍惜这个机会，因为这类实习因设备不齐，已有两年未进行了。

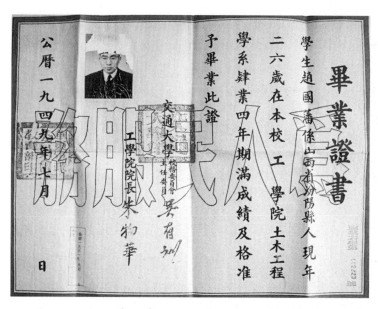

图 1-9　赵国藩的毕业证书（上海交通大学档案馆）

① 张琳访谈录，2013年1月25日，北京。资料存于采集工程数据库。

1949 年 7 月，赵国藩顺利完成了大学学业，从此将进入他人生的一个新的阶段。在读书这段时间里，他经历了太多的磨难，体验了生活的艰辛，看到了战乱的苦难、民族的危亡和国民党政府的腐败，坚信只有共产党才能救中国。在交通大学求学期间，他受到校园浓郁学术气氛的熏陶，以及像徐芝纶等这样一批有真才实学、爱才惜才的著名教授的指点，塑造了完善的人格，从此开启了他从事科学研究、献身教育和科学事业的辉煌人生。

第|二|章

根植"大工"

自20世纪50年代初至21世纪，赵国藩由风华正茂步入耄耋之年，大部分时间是在"大工"度过的。近70年的风雨坎坷，几多跌宕曲折，他始终坚守三尺讲台，教书育人，培育出万千桃李；立足科研实践，服务工程建设，酿出无数科研硕果，谱写了辉煌的人生篇章。

成为"大工"一员

大连理工大学1949年4月建校，时为大连大学工学院，是中国共产党在中华人民共和国成立前夕，面向新中国工业体系建设创办的第一所新型正规大学。1950年7月，为配合全国院校调整，大连大学建制撤销，大连大学工学院独立为大连工学院（简称"大工"），1960年被确定为教育部直属全国重点大学，1988年更名为大连理工大学。

为了加强学校的师资力量，1948—1952年期间，大连工学院先后从海内外引进了近百名学者，他们中许多人日后都成为著名学者、

图2-1　20世纪50年代初大连工学院的标志性建筑和校园

专家和两院院士，其中包括王淦昌（核物理学家）、王大珩（应用光学家）、张大煜（物理化学家）、钱令希（工程力学家）、吴式枢（理论物理学家）、毕德显（电子科学家）、杨槱（船舶工程专家）、彭少逸（石油化学、催化科学家）、侯毓汾（染料化学家）、王希季（飞行器设计专家）、林纪方（化工专家）等学者。学校有八个系，包括数学系、物理系、电讯系、电机系、土木系、化工系、船舶系、机械系等，以及科学研究所等机构。

1949年10月，土木系招收第一届学生，当时设立了港口工程和建筑工程两个专业。1952年全国院系调整，哈尔滨工业大学和东北大学水利工程专业的师生转入土木系，1955年更名为水利工程系；后来相继更名为土木工程系、土木建筑学院、土木水利学院，现今为建设工程学部，一直是学校实力最强的院系之一。

赵国藩是1949年7月从上海交通大学毕业，1950年8月从兰州大学调入大连工学院的，期间服从组织的安排，经历了几次调动。

大学毕业的赵国藩先进入华东人民革命大学学习，1949年9月又被调入齐齐哈尔铁路局。据比赵国藩低一届的校友回忆，交大同学业务能力都非常强。赵国藩等是第一批去齐齐哈尔铁路局的，后来交大毕业生又去了很多。彼此虽然不是同班同学，但一听到是交大毕业的，自然会有一种能力的信任。

1950年3月，赵国藩来到兰州大学水利系任助教。在这里，他开始了他的教师生涯，除讲授土木类的课程外，暑期还为化工

图2-2　赵国藩（后排左一）在华东人民革命大学学习时与同学合影

系和水利系的学生补习微积分。由于赵国藩理论基础扎实，备课认真，教学效果非常好，因此同学们对他反映甚好，赵国藩也与同学们建立了比较深的感情。当他和爱人张秀文当年8月离开兰州大学时，两系的同学们还为他们开了欢送会。赵国藩在回忆这段生活时写道："这段工作中，我最受感动的是师生之间的关系与旧社会之间真是大不相同，我初次以助教身份来教课，很担心同学不重视，事实上同学们鼓励了我，使我工作情绪始终是高涨的。"

1950年8月，赵国藩接受组织调动，从兰州大学调入大连工学院土木系任教。也许是受到老师徐芝纶教授的影响，初到大连工学院的赵国藩非常喜欢和热爱这份工作，全身心投入工作中。正当他积极备课，认真编写教材，准备在讲坛做一番事业时，朝鲜战争爆发了。这期间美国飞机多次侵入中国领空，直接威胁到新中国的国家安全，战火即将烧到鸭绿江边。1950年10月1日，朝鲜党和政府请求中国出兵援助。中国根据朝鲜党和政府的请求，做出"抗美援朝、保家卫国"的战略决策，迅速组成中国人民志愿军赴朝参战。

为了支援抗美援朝，1951年5月至7月，根据上级的安排，赵国藩被借调到吉林省公主岭810国防修建委员会任工程师，协助修建机场。由于工作认真，踏实肯干，吃苦耐劳，赵国藩获吉林省一等模范干部奖章。

1951年9月至11月，赵国藩又被借调到辽西绥中825国防修建委员会任工程师、工区副主任。

1951年11月底，赵国藩完成了在辽西绥中的借调工作，回到大连工学院继续教书育人和科研工作，一直到他去世。从1951年到1985年，赵国藩一直担任土木

图2-3 赵国藩获得的吉林省一等模范干部奖章

系工程结构教研室主任和结构工程研究所所长，为结构工程学科的队伍建设、人才培养、科学研究、社会服务、实验室建设等倾注了全部的智慧和心血。结构工程学科是学校的第一批硕士、第二批博士学科点和国家重点学科，赵国藩是学术带头人。可以说赵国藩是这所大学从创立、发展壮大到辉煌全过程的亲历者和全身心参与者。

开设"钢筋混凝土结构学"课程

赵国藩到大连工学院土木系任教后，主讲一门课，辅助四门课，同时还做化工和水利两个系的许多事务性工作，兼校刊通讯干事。当时教学工作任务很繁重，作为年轻老师还要学习新的知识，所以他边工作边学习。

"大工"的校领导在土木系开创时期就非常重视师资的素质和水平，先后聘任了李士豪[①]、章守恭[②]、陆文发[③]和汪坦[④]四名教授来校任教。李士豪教授是著名的水利工程专家，担任首届系主任；章守恭教授是著名的岩土工程专家；陆文发教授是著名的桥梁钢结构专家；汪

[①] 李士豪（1914—1992），出生于哈尔滨，祖籍广东省梅县。水利工程专家，大连理工大学土木工程系的创建者，高速水流研究的开拓者之一。

[②] 章守恭（1910—1984），江苏省吴县人。1949年4月受聘为大连工学院教授，长期担任大连工学院水利系土力学及工程地质教研室主任和院学术委员会副主任，我国著名土力学、地基基础工程专家。

[③] 陆文发（1916—2003），浙江鄞县（今为宁波市鄞州区）人。1951年获美国密执安大学博士学位，回国到大连工学院任教。

[④] 汪坦（1916—2001），江苏苏州人。著名的建筑教育家、建筑理论家和建筑史学家，中国近代建筑史研究的奠基人。

坦教授是著名的建筑专家。以后的几十年证明，他们不愧为一流名师，为"大工"土木、水利学科的发展作出了开创性贡献。

为了进一步加强师资力量，1952年，经屈伯川院长亲自聘请，国内著名力学专家钱令希教授，从浙江大学来大连工学院土木系任教。钱令希教授学识渊博，到土木系后亲自为本科生讲课，积极培养青年教师，挖掘人才、培养人才。钱令希教授委任赵国藩担任"钢筋混凝土结构学"的主讲。"钢筋混凝土结构学"是土木、水利工程等专业最重要的课程之一，这是因为绝大部分土木、水利及其他工程结构都是用钢筋混凝土建造的，涉及力学、材料学、试验、计算等多个方面的内容，而且实践性很强。赵国藩在讲授这门课程的过程中，不仅熟悉了这门课程的内容和特点，也深深爱上了这门课程。也正是讲授这门课程，奠定了赵国藩钢筋混凝土结构理论的基础，使钢筋混凝土成为他日后乃至一生的研究方向，使他成为这个行业的著名专家。在谈到这段经历时，赵国藩回忆说："我1949年上海交大毕业，1950年8月来大连工学院土木系任教，开始边工作、边学习，后来听了力学专家钱令希讲的'弹性力学'和桥梁专家陆文发讲的'桥梁工程'课，在他们的鼓励与指导下，1952年就开始担任'钢筋混凝土结构学'的讲课任务。"

那个时期全国都学习苏联的经验，采用的也主要是苏联的教材。为了讲好课，赵国藩认真阅读和参考苏联的图书、杂志和资料，吸收一些新的研究成果，充实自己编写的讲义。不久，他自己编的讲义正式出版，发行了15000册。

自此以后的很多年，赵国藩都为本科生讲授这门课程，无论科研和社会工作如何忙碌，他始终把教书育人作为自己的神圣职责，热爱着三尺讲台。"十年浩劫"结束后，恢复高考的77、78级校友多年后还能回忆起对赵老师的印象：总是穿着灰色衣服，头发有点花白，身体微微发胖，背着挎包和水壶；讲课风格朴实无华，结合实际，非常严谨细致，深入浅出；大家听课非常认真，所学到的钢筋混凝土结构的知识是毕业后工作中用得最多的。

当年曾经聆听过赵国藩讲课的唐铁羽教授回忆说：

我是 1961 年入学的，当时叫水利工程系。我们水利工程系师资力量比较强，水力学专家李士豪，岩土力学专家章守恭，还有五六位副教授，讲师队伍主要是"清华"和"上海交大"四十年代末、五十年代初毕业的高材生。我们大三时的"钢筋混凝土结构学"课程由赵老师主讲。赵老师概念清楚，讲课深入浅出，对学生要求严格，这门课程除了期末考试外还有一个"课程设计"。我学得很有兴趣，考试中取得了良好的成绩。

除了课堂教学外，土木、水利等工程专业的教学还安排现场实习课，以使学生能理论结合实践。学校对学生的实习课也非常重视，1951 年 7 月组织第一届三年级的学生全部到厂矿生产实习，离校前，教务长范大因作了动员报告，要求大家向实践学习，向群众学习，掌握为人民服务的真本领。在带领学生实习的过程中，赵国藩针对真实的结构物，认真给同学们讲解设计中如何确定结构方案、选取构件截面尺寸、进行荷载和内力计算，以及如何计算和配置钢筋。现场实习不仅加强了学生对课本知识的理解，也开阔了学生们的眼界，他们在毕业后工作上手很快。

学习俄语　翻译专著

在 20 世纪 50 年代，我国与苏联的关系非常友好，同是社会主义国家，双方互称朋友和兄弟。从苏维埃联邦社会主义共和国联盟

（1922 年）到 20 世纪 50 年代，苏联在科学技术发展和社会主义建设方面取得了很大成绩，成为我国学习的样板。中华人民共和国成立之初，我国的高等教育体系、教学内容和教材都是参照苏联的。1952年 9 月 24 日人民日报社论指出："苏联各种专业的教学计划和教材，基本上对我们是适用的。它是真正科学的和密切联系实际的。至于与中国发展结合的问题，则可在今后教学实践中逐渐求得解决。"在中华人民共和国成立之前高等学校的绝大多数课程，用的都是英美等国编写的英文教材，个别课程还直接用英文讲课，当时的任课老师在读大学时学的也是英文，看到苏联力学教材似有"目不识丁"之感。所以当时要解决的问题是如何看懂俄文教材，如何按苏联的教学模式编写自己的教材。

在这种形式下，大连工学院的广大教师开始学习俄文，翻译苏联教材，同时成立了教材编写委员会，组织教师编写适合我国高等教育需要的教材，学校图书馆也订阅了大量专业方面的俄文图书。1953 年学校组织了教师俄文速成学习班。1953 年年底，整个工学院已经有 96.9% 的教师具有了阅读和翻译苏联教材的能力。在初步掌握俄语的基础上，工学院组织翻译了大量俄文教材。据《大连理工大学校史》记载：

1952—1953 年学年，在全院所开 94 门课程中全部采用苏联教材的已有 69 门，其余绝大部分采用参考苏联教材编写的讲义。到 1954 年我院教师共翻译苏联教材 61 册，计 1619 万字。分别在商务印书馆、龙门书局和高等教育、科学、机械、重工等 8 个出版社出版，有些还被高教部定为全国工学院通用教材。[1]

赵国藩和大连工学院的许多教师一样，从中学到大学一直学习的

---

[1] 孙懋德主编《大连理工大学校史（1949—1989）》，大连理工大学出版社，1989，第 69 页。

是英文，从未接触过俄文。为了突击学习俄文，他白天工作，晚上参加大连工学院的夜校学习俄语，一有空闲时间就自修俄语，俄语水平提高很快，独自和与其他老师翻译了多本苏联教材和参考书。

赵国藩与同事合译的第一本著作是由苏联专家纪卜希曼撰写的《都市交通人工建筑物》（上、下册），1954年12月由龙门联合书局出版。上册共两篇11章，下册共三篇13章，赵国藩本人翻译了75万字。这是一本介绍桥梁和城市交通建筑物设计、建造及使用维护方面的著作。当时苏联桥梁的设计和施工技术已发展到很高的水平，我国当时没有系统的桥梁设计方法，也没有专门的桥梁设计标准，所以该书对于建设社会主义新中国有非常重要的参考作用。

1956年9月，赵国藩独自翻译的《无筋混凝土及配筋混凝土的抗拉强度》一书由电力工业出版社出版。该书共三章，15万字，原作者为苏联技术科学博士齐斯克烈里教授。在该书中，作者论述了混凝土和钢筋混凝土的抗拉性能，对学生和工程技术人员掌握钢筋混凝土结

图2-4 赵国藩翻译苏联专著时曾用过的俄文语法书封面

图2-5 《无筋混凝土及配筋混凝土的抗拉强度》封面

图2-6 1961年由科学出版社出版的《蠕变理论中的若干问题》封面

构的基本原理具有很大的帮助作用。

1961年9月，赵国藩参与翻译的《蠕变理论中的若干问题》（在土木工程领域，国内将"蠕变"称为"徐变"）一书由科学出版社出版。该书由苏联专家阿鲁久涅扬撰写，1952年出版，1961年再版时，又在理论方面以及对后来得到的新试验结果做了补充。该书首先从弹性力学角度论述了材料弹性—徐变的基本原理，然后分两篇针对大体积混凝土结构和钢筋混凝土结构的徐变问题进行了分析，对于提高我国教师、学生和工程技术人员的学术水平与工程实践能力起到了很好的作用。

原著作者阿鲁久涅扬亲自为《蠕变理论中的若干问题》的中文版作序。序中作者对钱令希和赵国藩等人的翻译水平给予高度评价，并真诚表达了他的感激之情。他写道：

利用这个机会，我对钱令希教授和他的同事们致以深切的感谢和衷心的谢意。他们十分仔细阅读了我的著作，指出了若干疏忽之处及提出了一系列改善本书讲述方面的意见。

在1953—1961年，除翻译了上述3本教材和著作外，赵国藩和他的同事还翻译了另外6本苏联的教材和专著，包括日莫契金著的《结构静力学》（龙门联合书局，1953年11月），叶伏列莫夫等著的《工程力学习题集》（高等教育出版社，1954年11月），顿钦柯著的《公路梁式桥的立体计算》（人民交通出版社，1954年11月），纪卜希曼著的《公路木桥》(上、下册)(人民交通出版社，1954年11月)，恩·勒·布尔德兹格拉著的《水工管道和涵洞的新型结构》(燃料工业出版社，1955年4月)，别尔吉切夫斯基著的《钢筋混凝土结构论文集（二）》(建筑工程出版社，1958年2月)。在翻译的上述9本苏联教材和著作中，赵国藩本人承担的工作量约为179万字。

在一般人的眼里，翻译一本书比编写一本书容易，其实不尽然。一本专业书可以根据自己掌握的知识和自己的观点，按照自己的逻辑和框架编写；而翻译一本专业书，译者首先要有丰富的专业知识，搞懂书的全部内容，否则，轻则词不达意，重则出现翻译错误，误导读者。赵国藩在翻译这些俄文教材和专著时，花费了很多精力，下了很大功夫。他首先用心将要翻译的原著研读一遍，搞清原著的基本框架和脉络，弄懂原著中公式的每一步推导和书中所有的问题，然后再逐段逐句地翻译，对每一句话都认真推敲，以做到尽力忠实于原著，同时又深入浅出。在完成繁忙教学工作和科研工作之余，他几乎把所有时间都用在了翻译上。翻译原著，既提高了他的外文水平，扩大了他的专业知识面，也提高了他的写作能力，为他后来总结自己的科研成果、编写著作奠定了基础。

他的夫人也非常支持他，下班后回到家先忙着做饭、收拾家务，同时照看年幼的孩子，一个人承担起繁重的家务。正如一首歌中唱到的，"军功章里有我的一半也有你的一半"。

坚持科学精神　敢于直言

个人的命运与国家的命运常常是紧密地联系在一起的。20世纪50年代末到60、70年代，中国的政治运动不断，知识分子受到反复的冲击，赵国藩也历经了多种坎坷和挫折。

1966 年，中国爆发了"文化大革命"。在这场浩劫中，大连工学院被诬蔑为"修正主义的大染缸"，正确的办学思想被否定，校舍和实验设备也遭到严重破坏，广大干部被当作"走资派"打倒，广大教师被诬陷为"资产阶级"的知识分子、"臭老九"。据大连理工大学校史记载："共有 293 名干部和教职员工被赶到农村，插队落户当农民，学校被迫停课长达 4 年之久。"这场浩劫给学校造成的损失和破坏是空前的。

同许多其他教师一样，赵国藩也在劫难逃。他先被批判为反动学术权威，不久就被关押在"牛棚"改造。夫人被下放到普兰店的农村。据赵国藩的女儿回忆：

> 1969 年，爸爸在"牛棚"，妈妈下乡接受贫下中农再教育，哥哥作为知青在盘锦下乡，家中只有我和弟弟在大连的学校读书。我们自己买菜、做饭、洗衣，夏天还好过，冬天就难了。为了取暖，我和弟弟要到煤场买回冬天需要的引火劈柴和用来取暖的煤，为了将这些东西运回家，爸爸为我们做了一个小拉车。这个小拉车结构很简单，上面用几块木板拼接起来，下面安装 4 个工厂废弃但还可以凑合使用的轴承，把它们装在两根用木头做成的轴上。在轴上拴根绳子，一个简易的四轮小拉车就做成了，这样用起来比较省力和方便。将运回的劈柴用斧子劈成小块，煤用自制的筛子筛出煤块及煤粉，煤粉加上黏土制成煤坯才能用来生火取暖，生活很是艰难。但这种生活锻炼了我们吃苦耐劳的意志，培养了我们独立自强的拼搏精神。

1969 年 2—3 月，渤海湾出现历史上特大冰封，海冰将建在渤海湾的一座固定式导管架型钻井平台——渤海二号平台推倒，给石油资源开发造成了极大困难。当年年底，受石油部 641 厂（中海油渤海石油公司前身）邀请，大连工学院派出了以钱令希教授为首、以水利系教师为主的 30 多人组成的小分队，前往 641 厂协助解决问题，分析渤海二号平台被海冰推倒的原因，研究新渤海二号平台结构设计海冰荷载的计算方法。

钱令希将结构设计任务委托给赵国藩。在研究和设计的过程中，赵国藩严肃认真，一丝不苟，坚持原则，即要保证平台的安全，又要节省材料，所以他对材料用量精打细算，能省则省。

此时，旅大警备区派遣的解放军毛泽东思想宣传队进驻了大连工学院，不久工人宣传队也进驻了，整个工学院的实际权力都落入了两个宣传队的手中。渤海二号平台结构设计成果也要通过他们批准才能通过，工程设计方面的会议也要军代表主持。

在一次军代表主持的渤海二号平台结构设计任务汇报会上，军代表提出要勤俭节约，平台的钢材用量不能超过 5000 吨。赵国藩根据他扎实的专业知识及解决工程实际问题的丰富经验，认为按照这种想法做，结果是非常危险的。因为材料用量不足，不能保证平台基本的安全要求，其最终结果是不仅不能节省材料，反而会给国家带来巨大损失。赵国藩立刻反驳了他的意见，告诉军代表，在保证平台基本的安全条件下，钢材用量一定会超过 5000 吨。那位军代表听完后非常不高兴，认为这是顶撞他。赵国藩坚持自己的观点，在压力面前没有退缩，随后他向军代表陈述了自己计算的过程和依据，并强调说，任何人都要从实际出发，按照科学规律办事情，决不能只凭一腔热血、凭想当然办事情。

赵国藩在关键时刻为了国家利益，不计较个人得失，敢于直言，坚持原则，避免了一次可能由不按科学规律办事而引起的重大工程事故，体现了他优秀知识分子的良好品德。

在平台研究和设计期间，赵国藩和他的同事来到天津 641 厂与厂里的工程技术人员进行交流。工程技术人员将他团团围住，向他请教有关钢筋混凝土设计方面的问题。赵国藩向他们讲解了他撰写的《钢筋混凝土结构按极限状态的计算》一书。这是一本当时比较前沿、理论性很强的著作，由于厂里的设计人员文化水平较低，又处于动荡年代，他们根本没有机会和时间系统学习专业方面的知识，对于最新的理论就更搞不懂了。赵国藩把工厂当成教室，用简洁、通俗的语言，深入浅出地对钢筋混凝土极限状态设计中的概念和理论进行了讲解。对于技术人员提出的问题，他耐心解答，一遍又一遍，直到他们听懂为止。

军代表看到这一情景，严厉批评了赵国藩。军代表说，你到这里是向工人学习的，要谦虚。赵国藩反驳道，我在这里传播的是科学知识，科学是真理，不存在谦虚不谦虚的问题。听赵国藩讲课的技术人员则认为，赵老师谦逊和蔼，没有架子，容易接近。他讲的课条理清

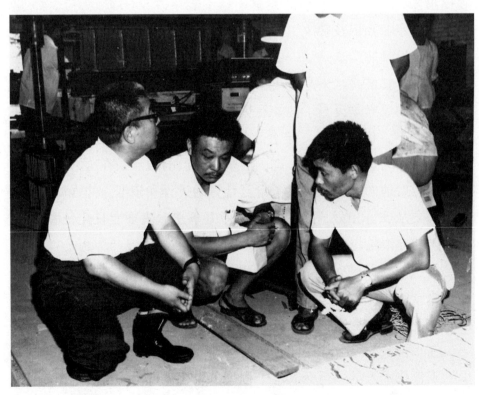

图 2-7　赵国藩（左一）在天津塘沽工地（1969 年）

晰，重点突出，分析透彻，引人入胜。

他的一位学生在谈到这场政治运动中的赵老师时，曾经无比敬佩地说过：

"海纳百川、有容乃大"，赵老师豁达大度，胸怀宽阔，涵养极高。他对人包容，容易相处；你跟他相处越久，你就会越感觉到这个人特别有人格魅力。他受到别人的尊重，因此会千方百计支持和帮助别人，包括他的学生。对于这场政治运动中给他贴过大字报、谩骂过他的人，他也从不歧视和打击报复。我认识的许多与赵老师有过接触的人，无论是国内、国外的人，大连理工大学校内和校外的人，对赵老师的为人都是赞不绝口，都认为他谦和、厚道、学识渊博，没有人在背后说他的坏话。

路漫漫，夜茫茫，这场灾难历经了10年得以结束。赵国藩和他的同事们在这场运动中没有颓废和消沉，他们坚守教学和科研岗位，始终牢记自己的神圣职责和使命，坚信总有云拨雾开的一天。他们是大连工学院的骄傲，是中国知识分子的骄傲，他们艰苦中光荣奋斗的历程被载入史册。大连理工大学的校史是这样记载的：

在黑浪翻滚的10年中，曾经受过较好革命传统教育和马列主义思想教育的我校师生员工中，有不少能够坚持真理，仗义执言，对各种错误思潮和言论进行抵制和斗争。还有为数众多的师生员工在条件艰苦的情况下，在教学、科研、生产等方面尽力为社会主义建设作出贡献，或者竭力减少各种损失。

从大学毕业、扎根于"大工"，到"十年动乱"，再到"十年动乱"结束，是赵国藩人生中很重要的一段时间。赵国藩毕业时正值中华人民共和国成立，他心潮澎湃，激动不已，在生活困苦、连年战乱的旧社会，依靠坚强的意志求学所学到的知识，终于可以用到社会主义建设中来了。从此，他扎根于"大工"，将全部精力用于教学和科研，并将两者有机地结合起来。为编写适合我国工程建设需要的教材，他学习俄语，翻译苏联专家编写的著作，这些著作不仅成为编写教材的宝贵参考资料，而且对科研乃至整个行业的发展都起到了很大的促进作用，特别是在钢筋混凝土方面，为他成为国际著名学者奠定了基础。在"十年动乱"中，他虽然受到了很大的冲击和影响，但就是在这种环境和条件下，他仍将全部身心投入科研和工程实践中去，他坚守原则，不惧怕各种压力，体现了一个科学家为国家、为人民负责的胸怀。他坚信，困难是暂时的，终有云开日出的一天；他期待着，终将会等到春天的到来！

第三章

在科学的春天

1976年，"十年动乱"结束，党中央开始拨乱反正，重新重视知识分子在国家的政治地位，学科学、用科学之风在全国兴起，同时高校职称评审工作重新启动，整个中国迎来了科学的春天。赵国藩也因突出的科研成绩被破格提拔为教授，在改革春风的沐浴下，他全身投入他热爱的教学和科研工作中，从一个献身科学的青年，茁壮成长为一名蜚声国内外的科学家。

破格晋升教授

1978年3月，全国科学大会在北京举行，邓小平在大会开幕式上作了报告，强调了对科学技术是生产力的认识和知识分子的作用问题，指出"正确认识科学技术是生产力，正确认识为社会主义服务的脑力劳动者是劳动人民的一部分，这对于迅速发展我们的科学事业有极其紧密的关系"，"总的说来，他们（知识分子）的绝大多数已经是工人阶级和劳动人民自己的知识分子，因此也可以说，已经是工人阶级的一部分"①，"科学技术人才的培养，基础在教育"。中央对知识分子身份的重新定位，以及知识分子和教育在人才培养中作用的肯定，对大连工学院"文革化大革命"后的恢复和发展具有重要的指导意义。大连工学院认为："党和人民把知识分子作为建设社会主义的基本力量和依靠力量，极大地鼓舞了师生员工，学校党委和行政部门认真落实有关政策，调动知识分子的积极性，尊重知识、尊重人才的

① 邓小平：《全国科学大会开幕式上的讲话》，《邓小平文选》第二卷，人民出版社1994年版，第85页。

良好风尚逐步在大连工学院建立起来。"①

为了贯彻中央落实知识分子的政策，1978年3月7日，国务院批转教育部《关于高等学校恢复和提升职务问题的请示报告》。其中提出：原来确定和提升的教授、副教授、讲师、助教一律有效，恢复职称，并新规定了可以越级提升教授、副教授的条件。据此，大连工学院根据"坚持标准，保证质量，全面考核，择优提升"的原则开展了教师的提职工作。

1978年7月，经辽宁省有关部门批准，大连工学院越级提升8名讲师为教授，赵国藩名列其中。这是"十年动乱"结束后大连工学院的首次职称评定，同时还提升了28名副教授。这些提升的教授、副教授都是长期以来刻苦钻研业务、为国家和大连工学院作出贡献的优秀人才。他们当中，28.5%是共产党员，66.7%担任过教研室主任、副主任以上的职务，不少人是省、市和学院的先进教师。

大连工学院党委在关于赵国藩破格晋升教授上报材料的意见中写道：

赵国藩同志多年来不论是在他所担任的教学工作或生产建设任务中，都一贯认真负责，积极完成。在粉碎"四人帮"后，他心情舒畅，干劲倍增，虽然身患心脏病、高血压、糖尿病、骨质增生等多种严重疾病，但仍坚持工作。三年多来他担任水电部钢筋混凝土设计规范修订组的技术指导、交通部水运工程钢筋混凝土设计规范修订组领导小组成员、国家建委钢筋混凝土设计规范联络员。十多次前往京、沪、云等地出差，为规范制订工作进行调查，开会讨论，参加试验等，为国家建设作出较大贡献。

该同志在教学工作中一直是积极努力的，教学效果好，几次参加全国水利类专业通用的钢筋混凝土教材编写工作，起了主要作用。多

① 孙懋德主编《大连理工大学校史（1949—1989）》，第190页。

年来在科研中，态度认真、刻苦钻研，取得了显著成果，有的纳入国家规范，用于生产建设中。他先后在《土木工程学报》《水利学报》等刊物上发表二十几篇学术论文，有的论文在国内是最早的，起了传播、介绍先进科学技术，促进和推动生产发展的作用。

该同志在钢筋混凝土及力学方面基础较深，有较高的造诣，在国内享有一定声望，他做了许多理论研究工作，也参加了不少工程生产实践，是国内钢筋混凝土方面的一名专家，为国家社会主义建设作出较大的贡献。[①]

1978 年 12 月党的十一届三中全会召开，它标志着具有深远意义的历史性转折的开始。在此期间，邓小平亲自过问和指导教育工作，党中央、邓小平对教育工作做了一系列拨乱反正的重大决策。处在新的历史发展时期的赵国藩刚过 50 岁，正值壮年，岁月的流逝、工作的劳累、生活的清苦，一次一次的运动冲击，虽然使他身患多种慢性疾病，但并没有影响他工作的热情，他又像一个年轻的战士，满怀信心地迈上了新的征程。

致力于结构工程实验室建设

结构工程是土木工程的龙头学科，涉及各种建筑材料、各种类型的结构构件及由它们组成的结构物，如钢筋混凝土结构、钢结构、组合结构等，其中钢筋混凝土结构是我国应用最多的结构形式。由水泥、石子、砂、粉煤灰、矿渣等组成的混凝土材料本身的性质已经非

① 大连理工大学档案室。

常复杂，由混凝土和钢筋制作而成的钢筋混凝土结构的物理力学特性则更为复杂，单纯依靠理论分析和数值计算是不可能深入开展研究的，实验研究就成为重要的研究手段。赵国藩十分重视实验室的建设，大连工学院很早就建立了材料力学、工程力学和工程结构的实验室，但早期的实验室条件很简陋，实验设备比较落后。

1980年起，大连工学院接受世界银行中国大学发展项目第一批贷款700万美元，购进了当时比较先进的 DPS8/52 中型计算机、计算机辅助设计系统、不规则波发生系统、地震模拟系统、结构疲劳试验机系统、电子齿轮测量系统、透射电镜等182台（套）仪器和设备，至1985年基本配齐。这些进口的试验仪器和设备从根本上改变了大连理工大学实验室的落后状况，促进了教学和科研事业的发展，至今仍在为人才培养和科研工作发挥着重要作用。

第一批贷款中的结构疲劳试验系统便是由赵国藩教授牵头论证和申请的，这套设备是美国 MTS 公司生产的，当时是国际上最先进的试验系统，国内高校和科研机构少有。在 MTS 结构疲劳试验系统引进过程中，为了按时按质完成世行贷款设备的引进、安装和消化使用任务，以及其他配套设备的采购、设计加工及安装使用等各项工作，团队的黄承逵也付出了大量心血，他为此曾获得校实验室先进工作者奖励。对这段经历他颇有感慨地说：

实验室建设对于教学、科研、学科建设和社会技术服务太重要了，尽管后来我承受了"论文考核"的压力，但我始终认为这种付出是值得的。

引进 MTS 结构疲劳试验系统后，赵国藩与他的同事和学生们一起学习国外先进技术，开始了向科学高峰迈进的征程。他们研制各种大型复杂结构的有限元计算程序和尖端实验技术，进行学术研究，广泛结合生产任务和国家重大项目进行科技攻关，促进了教学、科研和

图 3-1　赵国藩在实验室（1985 年）

学科的发展，为取得高水平科研成果奠定了坚实的基础。

谈起疲劳机时，赵国藩的博士生赵顺波是这样评价的：

疲劳实验机的购买是赵国藩先生确立"大工"结构研究室在国内学术地位的一个标志性项目。当时我搜集国内外研究资料时就发现，确实是有采用相关的理论模型来计算的，但是试验设备相对比较匮乏。所以从这一方面评价，从美国MTS公司购买这样一套设备是多么重要。

当时我们钢纤维混凝土梁疲劳的试验成果，经过国内一流专家学者鉴定后认为是国内首创，试验技术手段的先进性，也保证了我们科研成果的先进性，使得我们科技创新有一个基础支撑和丰硕的收获。

经过多年的建设，大连理工大学结构工程实验室已经成为国内高校中试验条件较好、仪器设备和试验水平较高的同类实验室之一。1986 年，"海岸和近海工程国家重点实验室"由国家计委批准筹建，1990 年正式通过验收、批准对外开放，结构工程实验室成为其中的一个分室。在"211 工程"和"985 工程"学科建设项目的支持下，实验室建设得到了更好的发展，建成了国内最大的 2500 千牛混凝土动态三轴试验机，结构疲劳实验系统也得到升级改造，成为学校重要的教学和科研平台，在人才培养、学术研究和社会服务等方面都发挥了重要支撑作用。

图3-2 结构工程实验室全貌及动态三轴试验机（2009年）

开创钢纤维混凝土
研究与应用新局面

纤维混凝土是在普通混凝土中掺入适量的纤维而形成的可浇注、可喷射成型的一种新型复合材料，它的各项物理力学性能都比普通混凝土有显著提高和改善，使属于脆性材料的混凝土变为具有良好塑性的复合材料，可大幅度提高混凝土的抗拉和抗裂性能。纤维包括钢纤维、碳纤维、石棉纤维、聚合物纤维等。钢纤维是用钢材制作的纤维。钢纤维可以用钢丝制成，也可以用钢水直接拉伸成型，或用钢板的边角余料切割而成。将钢板的边角余料切割成钢纤维不需要太多的高科技，不仅可以让废物得到利用，还可节约能源，保护环境。

赵国藩是中国钢纤维混凝土研究和应用的开拓者，是第一届纤维混凝土委员会的主任委员。早在 1981 年，赵国藩就组成了由黄承逵、关丽秋等为骨干的课题组，在国内率先开展了钢纤维混凝土的研究。赵国藩带领他的课题组首先为太原煤炭设计研究院设计了一个世界上最大的储煤仓。储煤仓是一个大圆桶，直径 20—30m，高 50—60m，用钢纤维混凝土制作，厚度可以减少 30%—40%，用料和成本都显著降低，裂缝问题得到解决。钢纤维混凝土构件要抵抗来自轴心和偏心的拉力。轴拉和偏拉构件设计计算方法，就是课题组提供的。

对纤维混凝土的创新性研究，很好地体现了赵国藩对学术发展前沿动态的高度敏感性和学术研究的开拓性精神。1985 年 5 月 27—29 日，赵国藩出席了在日本神户召开的第四届国际结构安全与可靠度会议。会议期间，他敏锐地感到钢纤维混凝土在日本的发展很快，对此投入了极大关注。会议期间，他结识了日本东京大学生产技术研究所的钢纤维混凝土专家小林一辅教授，并从此与他建立了良好的交流和合作关系。回国后，赵国藩在给大连工学院领导的出访报告里，详细讲述并分析了这一新趋势，并积极有力地推动这方面的研究与推广应用工作。在他的力促和邀请下，日本东京大学小林一辅教授应邀来中国讲学，在大会上做了关于钢纤维混凝土的学术报告，对中国的专家学者和工程技术人员进一步认识、研究和应用钢纤维混凝土起到了很好的推动作用。

为了促进纤维混凝土这一新型建筑材料在我国的推广应用，加强科研部门、生产部门和工程单位之间的联系和信息交流，经中国土木工程学会混凝土及预应力混凝土学会批准，全国第一届纤维水泥及纤维混凝土科研及应用成果交流会于 1986 年 10 月 6 日至 11 日在大连工学院召开，组委会主席为赵国藩教授。与会代表 107 人，来自全国 70 个单位，包括高等院校、研究设计院所、工程单位和工厂，与会代表积极性很高，推动了钢纤维混凝土在中国建筑领域的广泛使用。

图3-3　赵国藩（左）访问东京大学时与小林一辅的合影（1987年）

在这次会议上，与会人员达成共识，就是编制一本钢纤维混凝土的试验、设计和施工方面的统一规范。此后钢纤维混凝土学术报告会成为学术例会，每两年举行一次，由参会的部分专家组成规范编写组。根据这次会议的倡议，由赵国藩和其他专家组成的编写组向中国工程建设标准化委员会提出了编写钢纤维混凝土标准的申请。

针对钢纤维混凝土这一新型材料，赵国藩带领他的课题组进行了长达10年的系统研究，承担课题11项，完成材料性能试验500余组、结构试件试验110余个。主要成果有：

材料性能方面，提出了纤维间距理论与复合材料强度混合律理论的统一理论，并提出了强度计算方法；确定了适用于国产钢纤维对抗拉、抗折和抗疲劳强度增强的影响系数；建议了二级配钢纤维混凝土的最佳骨料配比及抗折、抗疲劳方程；得出了钢纤维混凝土三轴受力状态的内时损伤本构模型和多参数强度准则。

在钢纤维混凝土结构方面，提出了构件轴拉、偏拉、受弯、受剪、受冲切承载力的计算方法，这些方法同各专业钢筋混凝土设计规范相衔接，不与钢筋混凝土设计规范发生矛盾，就是说，如果把钢纤维去掉，还是原来钢筋混凝土构件的计算方法，有很好的互换性，这一点，许多专家特别欣赏；提出了钢纤维钢筋混凝土构件抗裂和正截面裂缝宽度的计算方法，并对钢纤维混凝土耐久性作了分析论证。钢筋混凝土加上适量的钢纤维，裂缝宽度可以降低，有的可以完全防止开裂，保护钢筋不发生锈蚀。在高含量钢纤维混凝土和钢纤维增强预应力混凝土结构计算理论方面也形成了许多成果，首次在国内开展了砂浆渗浇钢纤维混凝土试验，使得构件承载力大大提高。此外，与铁道研究院合作进行钢纤维混凝土轨枕试验，证明在混凝土中加入钢纤维可以提高枕轨的抗裂性能和承载力，针对枕轨设计的需要，还给出了抗剪承载力计算公式。

赵国藩在钢纤维混凝土方面的研究成果工程应用意义重大，为钢纤维混凝土结构工程的试验、检验、施工、设计以及推广应用提供了重要的依据和大量有参考价值的试验数据。据不完全统计，1988年全国钢纤维年用量不足400t，到1992年增加到3000t。此外课题组还直接与有关单位合作，在大连港、海城辽阳地区、山西省等进行了钢纤维混凝土的试点工程，包括路面、刚性防水和特种工程。

1993年6月，国家教委组织专家对赵国藩所承担的钢纤维混凝土项目成果进行了技术鉴定。鉴定意见写道："课题对于工程的效益预计将是明显、巨大的。例如：可满足工程的特殊要求，如阻裂、限裂、抗剪、防震等；可提高工程的使用功能和寿命，如减少路面接缝间距，增加行车舒适感，增加使用寿命等；有些情况下还可简化施工、节省工程投资等。本课题研究成果将直接推动钢纤维混凝土的推广应用，预测其效益是很大的。"鉴定结论认为"成果达到国际先进水平，部分子项达到国际领先水平"[1]。

孙伟院士曾对赵国藩的专业水平给予了很高的评价。她说：

---

[1] 赵国藩科技成就辅证材料，内部资料。

赵老师的学术思想新颖、开拓、开阔。本来钢筋混凝土结构项目他做得很好，但是他又扩展了搞钢纤维混凝土，纤维混凝土和钢筋混凝土结构有共同之处也有很大的不同之点。从学术体系上看，它是另外一种体系。他出了一本书叫《钢纤维混凝土结构》，这本书水平很高。[①]

此后，赵国藩还带领"学生们开始尝试将不同纤维加入混凝土中，形成新的性能更好的建筑材料。在他的指导下，研究工作分成不同小组，每个小组以一种材料为基础进行不同的试验，比如将碳纤维加入混凝土中，所制造出的碳纤维混凝土十分坚固，其抗拉强度比钢纤维混凝土要高出 10 倍还多"[②]。

聚焦混凝土断裂力学理论研究

混凝土是一种脆性材料，脆性材料容易发生突然开裂而影响到结构正常使用甚至丧失承载能力。由于浇筑时水泥的水化热、环境温度和荷载的作用，混凝土的裂缝是极难避免的，因此有"无混凝土不开裂"的通俗说法，也反映了人们对混凝土裂缝的厌恶和无奈。但对于混凝土大坝等无筋混凝土或少筋混凝土结构，对裂缝稳定性的分析是裂缝安全性评估不可回避的问题。

断裂力学在金属材料等领域得到成功应用和发展，但混凝土与金属材料不同，由于有砂、石等粗细骨料的存在，属于非均质材料，裂

---

① 孙伟访谈录，2013 年 11 月 28 日，南京。资料存于采集工程数据库。

② 东北之窗，李广宇，2009 年 7 月 1 日。

缝的初发位置、时间、发展走向和稳定性都存在极大随机性。但断裂力学仍不失为研究混凝土裂缝产生和扩展的方法，关键是如何针对混凝土材料的特点，将断裂力学方法应用于混凝土材料。赵国藩以他深厚的理论基础和多年从事工程研究和科研实践的经验，认识到了这一个极具创新性的研究方向。从1980年起，他和青年教师、在职研究生徐世烺等一起，在国内率先采用混凝土断裂力学方法开展了大体积混凝土结构裂缝扩展的研究，提出了混凝土断裂韧度的概率模型和尺寸效应公式。可以说，赵国藩是中国混凝土断裂力学研究的开拓者。

赵国藩教授带领的混凝土断裂力学研究团队在科研方面逐渐形成了自己的特色，那就是在研究工作中既注意研究成果的原创性，又注重实际工程的需要，既注意提出的方法在理论方面的完备性，也考虑到工程师在实际工程中应用的简便性和实用性。

1983年，赵国藩获批国家自然科学基金第一批项目“混凝土断裂和损伤的机理”。在开展这个项目的过程中，研究团队采用激光散斑干涉法，发现了混凝土裂缝失稳断裂前存在着裂缝的稳定扩展阶段和断裂过程区，并提出了混凝土断裂韧度的概率模型和尺寸效应公式。该项目结题后被评为国家自然科学基金资助课题优秀成果，于1988年7月获国家教委科技进步奖二等奖。

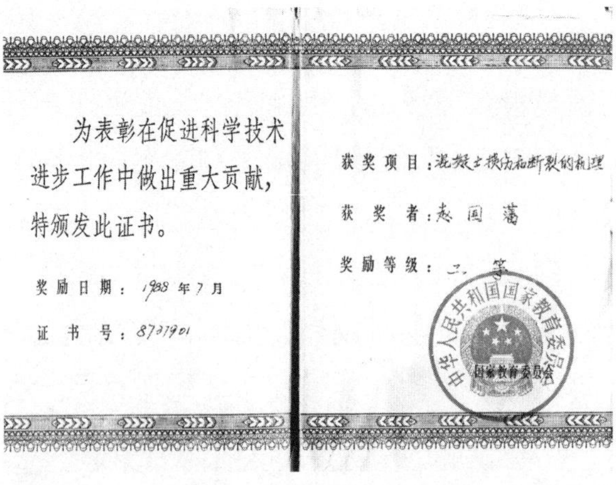
为表彰在促进科学技术进步工作中做出重大贡献，特颁发此证书。

奖励日期：1988年7月

证书号：8737901

获奖项目：混凝土损伤和断裂的机理

获奖者：赵国藩

奖励等级：二等

图3-4　赵国藩获得的国家教委科技进步奖二等奖证书（1988年）

1984年，赵国藩的研究团队承担了水利水电科学基金项目“混凝土断裂韧度的尺寸效应”的研究，带领研究团队采用国际上最大尺寸的试件，进行了最大规模的混凝土Ⅰ型断裂韧度测定；在国际上最早将光弹性贴片法应用于测量混凝土断裂过程区，提出了混凝土断裂全过程可分为初始裂缝起裂、稳定扩展、失稳破坏三个不同阶段的学术观点，并发现当试件高度大于 2m 时混凝土的断裂韧度无尺寸效应，即混凝土断裂韧度为常数，其断裂过程区长度的影响可以忽略，证实了线弹性断裂力学理论可以直接应用于混凝土大坝的裂缝安全评定，并首次提出了混凝土 I 型裂缝双 K 断裂准则。课题的成果应用于东风拱坝裂缝防治的工程实践中。

图 3-5　赵国藩获得的国家科技进步奖三等奖证书（1999 年）

1986 年，赵国藩带领的研究团队在"七五"国家重点科技攻关项目"混凝土裂缝的评定技术"的全国招标会上中标。赵国藩教授带领研究团队制定了详细的研究计划，开展了大规模的全级配混凝土断裂试验研究。该项目研究成果促进了我国高混凝土坝裂缝防治和评定技术的发展，部分研究成果经鉴定"达到国际领先水平"，1991 年获能源部科技进步奖一等奖。

除采用断裂力学理论研究混凝土的静态裂缝外，赵国藩还带领他的团队对地震作用下混凝土的动态裂缝进行了研究，掌握了混凝土动态裂缝的扩展准则和扩展规律，为地震时混凝土坝的裂缝评估提供了依据。研究成果 1999 年获国家科技进步奖三等奖。

1991 年，赵国藩与徐世烺合著的《混凝土断裂力学》出版。

赵国藩团队在混凝土断裂力学方面的研究成果也引起了国际同行的关注。1979 年在美国"高强度混凝土"专题讨论会上，赵国藩结识了洛桑瑞士联邦工学院的威特曼（Wittmann）教授。赵国藩担任该

图 3-6　赵国藩（右二）与来访的瑞士洛桑联邦理工学院威特曼教授合影
（1986 年）

会议的组委会委员。在该会议上，赵国藩介绍了中国混凝土断裂力学理论研究和工程应用的发展，他的报告引起了国际同行的兴趣和关注。

　　上述是赵国藩和他的团队结合国家自然科学基金项目和水利水电科学基金项目，在混凝土断裂力学方面开展的一系列基础性研究。除此之外，赵国藩还利用他在混凝土断裂力学方面取得的创新性成果，解决了很多工程中的重大问题。

开辟高强高性能混凝土研究新领域

高强高性能混凝土是一种有异于普通混凝土的新型混凝土，1990

年，美国混凝土委员会在新加坡举行第一次高性能混凝土会议，标志着国际上对高性能混凝土的研究热潮已蓬勃兴起。我们国家对高强高性能混凝土的研究源于工程建设和发展需要，这个需求主要体现在高层建筑上，因为高层建筑的承重柱要承担极大的上部荷载，柱子的压应力很高，普通强度的混凝土是难以满足强度要求的，除非将柱子做得很粗，或者采用钢结构，但这往往既不现实也不经济。赵国藩敏锐地洞察到这是混凝土领域又一个处于学术前沿和富有应用前景的新研究方向，因此规划开展了高强高性能混凝土的研究，很快便取得了许多开创性成果，其中包括与辽宁省建筑设计院联合进行的高性能混凝土柱抗震性能的研究。

当时高层建筑在国内刚刚兴起，辽宁省建筑设计院面临着许多亟待解决的关于高层建筑设计方面的难题，他们缺乏科研方面的能力，设备也比较落后，因此找大连理工大学赵国藩寻求合作。

辽宁省建筑设计院提出了一个要求非常高的指标，就是将30层楼的柱子断面尺寸减下来。采用普通强度的混凝土，30层楼的柱断面直径要达到1.5m以上。如果柱子的尺寸由1.5m减小到1m，每根柱子可节省一定的建筑面积，就等于增加了使用空间。高层建筑车库都在底层，柱承受着很大压力。如果车库里柱子很大，就势必减少停车车位，空间和交通也变得局促狭窄。

在那个年代，中国30层的楼房是非常少见的高层建筑，更不要说超高层建筑了。赵国藩认为，要想解决柱子尺寸过大的难题，只能采取高强高性能混凝土，将原来设计的C30（表示抗压强度为30MPa）混凝土用C60或者更高等级的混凝土代替。

课题立项后，赵国藩带领他的课题组开展了大量的室内试验和结构分析计算研究，连续在17个高层建筑工程中进行试用，他们结合具体工程设计，及时发现问题及时解决，不断总结和提高，形成了较完善的高强混凝土高层建筑设计方法。

这个项目的实施，显示出在高层建筑中应用高强高性能混凝土的优越性，特别是用于高层建筑的柱子。赵国藩通过试验、理论研究和工程实践指出：不但非地震区高层建筑采用 C60 高强高性能混凝土是可行、有效的，即便是地震区高层建筑采用 C60 高强混凝土也是可行的，而且是有效的，它不仅可减小结构断面尺寸，更容易满足剪跨比和轴压比的要求，建筑的层数更多、柱网更大、承载力更高，扩大使用面积，代替造价较高的钢结构体系，而且节省钢材、水泥、资金，可大大提高项目的经济效益。高强混凝土在高层建筑中的应用是切合我国国情的。

赵国藩领导的课题组通过试验研究和理论分析，解决了以下三个方面的问题：

第一，高强度混凝土可以通过调整配箍率来满足延性的要求。

第二，通过试验给出了高强混凝土柱的轴压比限值。

第三，给出了高强混凝土柱更为合理的延性系数计算方法。

赵国藩领导的课题组完成辽宁省设计院高强高性能混凝土课题后，辽宁省建设委员会对此项成果进行了技术鉴定，给予了极高的评价，认为"这一课题立项正确，具有重要的理论价值和实际意义"。"高强混凝土是近几年发展起来的新型建筑材料，用它修建高层建筑等重要结构，是今后的发展方向。按本项研究的建议进行设计，可以使高层建筑结构设计安全可靠，经济合理，产生巨大的经济效益和社会效益。此项研究工作试验和理论分析较系统，难度较高，试点工程规模大，成果适用，将对我国高强混凝土的工程应用起积极的推动作用，本项研究达到国内领先水平，在试验规模和研究深度方面达到同类研究的国际水平。"[1]

赵国藩在完成辽宁省建筑设计院高强高性能混凝土等课题期间，还在混凝土强度理论方面做了一些深入的研究，特别是对混凝土进行了平面应力、平面应变及三轴荷载下的变形和强度试验，提出了

① 孙伟访谈录，2013 年 11 月 28 日，南京。资料存于采集工程数据库。

混凝土的本构模型和强度准则，探讨了混凝土的动态变形特性。这方面的科研成果于1993年获国家教委科技进步奖二等奖，于1993年获辽宁省科技进步奖二等奖，于1994年获辽宁省科技进步奖二等奖。

赵国藩除了专门对高强高性能混凝土材料进行研究外，还在与高强高性能混凝土有关的结构方面进行了研究。在底部框支组合墙结构方面，通过对横向、纵向框架梁的受力状态进行试验和非线性有限元分析，提出了简化设计计算方法、

图3-7　赵国藩获得的国家科技进步奖二等奖证书（1998年）

构造措施和设计建议，成果被鉴定为"国际先进水平"，于1997年获辽宁省科技进步奖二等奖。

在钢管高强高性能混凝土柱方面，赵国藩研究了钢管对高强高性能混凝土的约束作用，钢管约束可以更好地发挥高强高性能混凝土的优势，成果被鉴定为"国内领先水平，部分国际先进水平"，于1998年获建设部科技进步奖二等奖。

在无黏结预应力混凝土方面，赵国藩提出无黏结预应力混凝土结构的设计方法，成果被鉴定为"国际先进水平"，于1997年获建设部科技进步奖一等奖，1998年获国家科技进步奖二等奖。此外，赵国藩还对"冷轧带肋钢筋用作钢筋的研究开发与应用技术"进行了研究，提出了相应的设计方法，1992年合编了《冷轧变形钢筋混凝土结构设计与施工规程》DBJ/T 15-7—92。

理论应用于实践

赵国藩在"七五""八五"直至"九五"期间，对国家重大土木、水利水电、港口建设开展了许多关键性技术问题的攻关研究，解决了许多重大问题，交通部丹东大洋河的 420m 拱桥设计建造便是其中一例。

丹东大洋河为 420m 跨度的双肋拱桥，也称为平行 X 型双肋拱桥或提篮式拱桥，当时属于世界第一座拱桥，因为出海口的那一跨跨度很大，列入国家的"七五"攻关项目。设计和建造这座拱桥面临的难题有两个：第一，拱桥的矢高为 70m，横向稳定性很重要，如果处理不好将会出安全问题；第二，420m 跨度只有两个支撑点，横向抗震问题解决了，但纵向抗震解决得还不完善，因为地震波有一个震旋的波，两个支撑在地震作用下可能产生向内或向外的位移。承担桥梁设计项目的负责人是辽宁省交通厅的一个姓周的总工程师，为解决这一技术难题，周总找到了赵国藩和同济大学的项海帆教授。项海帆教授也是桥梁专家，非常有名。

丹东大洋河要建 420m 跨度的双肋拱桥对于赵国藩来说是一个难得的施展才能的机会。他在上海交大所学的专业是土木工程系结构工程专业，毕业以后，一直从事混凝土结构的研究，这次是一次不可多得的理论与实践相结合的机会。这一年（1985 年）金伟良考上了赵国藩的博士研究生，也恰好有机会跟随赵国藩做这个项目。赵国藩曾经多次对金伟良讲，拱桥设计是他人生中的一个梦想，但始终没有机遇，这一次终于如愿以偿了，我们一定要做好这件事情。

赵国藩送给金伟良一本重庆交通学院吴恒力撰写的《拱桥的稳定性》的小册子，让他参考。金伟良读后，发现书中没有讲横向稳定方面的内容，也没讲 X 型双肋拱稳定问题，只讲了单肋拱桥，因此只能自己探索。根据当时的情况，赵国藩决定让金伟良用能量方法求解，很快金伟良就推导得到了横向稳定的解析公式。

为了确保理论解的正确，在赵国藩的指导下，金伟良又开始做拱桥模型试验。拱桥模型是按照相似比制作的，这样肋拱的尺寸就会变得非常小，如何保持其几何相似和性能相似是值得研究的。当时的试验条件比较简陋，仪器设备不仅少，而且落后。为了解决仪器不足的问题，赵国藩将他所指导的全部研究生叫到实验室一起进行操作和观察，亲临现场指导，证明了理论推导公式的正确性。

整个桥梁设计完成之后，赵国藩对金伟良说，我们这项工作有理论，有数值模拟，有验证，可以写成论文投稿。金伟良立刻撰写成论文并投到国家一级刊物《土木工程学报》。当时能在这样的刊物上发表文章，对于每一位年轻的在读博士生来说都是非常不容易的。文章署名时金伟良将赵国藩的名字排在第一，自己排在第二。赵国藩看了后说，这项工作主要是你做的，我只是给你指导，你应该排名第一，我排第二。金伟良当时非常感动，一方面觉得自己很年轻，初出茅庐，在国内一级刊物上发表论文，压力很大；另一方面感觉自己的老师淡泊名利，竭尽全力提携自己，在荣誉面前不计较、不争功，风格之高实在是令人敬佩。赵国藩似乎看出金伟良的心事，鼓励他说你放心，这篇论文一定能被录用，因为你解决了桥梁设计方面的一个关键问题。结果正如赵国藩所说的那样，他们针对双肋拱桥设计的两篇论文，一篇投到《土木工程学报》，一篇投到《中国公路学报》，两篇文章全部被录用了。

谈到针对丹东大洋河双肋拱桥的研究过程时，金伟良曾无比感慨地总结道：

420m跨度拱桥整个设计使我的学术生涯经历了从无到有、从弱到强的过程。我本科学的是海洋平台结构，硕士研究生论文做的是悬索桥方面的题目，博士又做的是拱桥的研究，硕士论文和博士论文研究内容正好是一拉一压，悬索桥是受拉的，拱桥是受压的，从硕士到博士论文确实是一个全面的锻炼，同时也掌握了理论分析、有限元分析和试验研究的方法。我能在很短的时间内完成悬索桥设计、拱桥设计及对拱桥横向稳定性的深入研究，在我看来，没有赵老师循序渐进、细致入微的指导是不可能实现的。在这一过程中，我也真正体会到把课本中学到的理论知识运用到实践中去的美好感受。

赵国藩开辟了多个研究方向，上面论述了他在钢纤维混凝土、混凝土断裂力学和高强混凝土方面的研究和成果，他在结构可靠度、钢筋混凝土裂缝、混凝土多轴强度理论等方面的研究成果，将结合规范编制和编写著作，分述于后面各章。

1976 年，"文化大革命"结束，改革开放的大幕即将拉开，中国从此走上了经济发展的快车道。解除了头上紧箍咒的广大知识分子感觉都是一样的，天空是如此的晴朗，空气是如此的清新。对于赵国藩来讲，更有一番别样感觉，1978 年被破格提拔为教授，不仅是党和国家对他专业水平和科研能力的认可，更是对他的鞭策和鼓励。在这一激励下，他将全身心投入教学和科研，谱写了他在"大工"的辉煌人生篇章。他投身实验室建设，引进先进试验设备，加强国内外学术交流，不断寻找新研究方向，用理论解决重大工程问题，培养国家需要的各种高级人才，使"大工"或者我国在土木工程研究的某些方面达到了国际先进水平，甚至是国际领先水平。

第|四|章

编制、修订工程规范

工程规范是指导和规范工程勘测、规划、设计、施工以及质量评定等工作的法律性文件，具有强制约束力和技术指导性。规范的制定和编写既要科学严谨、尽量与国际接轨，又要切合实际，符合国情；既要有理论的先进性，又要有技术的实用性；既要有宏观视野，又要有微观把握；还需要平衡和协调各方利益与各种诉求，照顾一般性和特殊性。因此，规范编制是一项十分重要又十分艰巨的工作，需要由理论功底深、技术水平高、经验丰富的专家群体编制完成。

中华人民共和国成立前，中国没有一本自己的工程设计规范，用的都是美、英、德、日的规范。1949 年以后，我们开始全面学习苏联，中国社会的文化、思想、学术等各方面，都曾照搬苏联的经验，混凝土结构设计规范基本上是沿袭了苏联的理论体系，大部分条文甚至是直接搬过来的。20 世纪 70 年代初，我国开始编制自己的工程设计规范，当时中华人民共和国成立时间还不长，工程设计理论研究还不深入，工程设计经验也不丰富，寻找一批技术水平高的专家编写规范是比较困难的事。赵国藩当时已经是国内钢筋混凝土方面的知名专家，1959 年由他编著的《钢筋混凝土结构按极限状态计算》一书成为国内学习钢筋混凝土结构设计的重要教材。在这种条件下，赵国藩担起了几本规范编写组领导成员和技术顾问的重任。后来，又主编了国际领先的纤维混凝土设计与施工规程。在土木工程领域有"南丁北赵"之说，南就是东南大学的丁大钧[①]，北就是赵国藩。赵国藩主编或合编 7 本规范，担任 2 本规范制定的顾问及参加 1 本国际规范的编写工作。

① 丁大钧，东南大学教授，我国钢筋混凝土方面的著名学者和专家。

深入工程第一线

土木、水利工程是一门理论和实践性都非常强的学科。基本理论是其基础，实践是其目的。赵国藩在指导港口结构规范编制时，要求参编人员首先对港口现状进行细致的调研。他认为，我们国家的港口使用了这么多年，有些是老码头，有些是新建的码头，它的工作状况如何，一定要有一个基本了解。同时，要了解世界的动态，还要知道我们国家现在的实际水平。只有这样，才能编写好规范，才能提出我们国家规范在哪些方面应有所突破。

为了掌握我国港口工程结构的实际情况，赵国藩同编写组的人员与工程设计和施工第一线技术人员生活在一起，工作在一起，了解工程设计和施工中需要考虑和解决的问题，以及按照规范设计、正在服役中的结构出了一些什么样的问题。他白天调查，晚上对调查的资料进行汇总，分析出现问题的原因，并归纳出哪些问题是需要通过试验和理论研究解决的，哪些问题是需要通过总结工程经验解决的。

当时还是青年教师的王清湘谈起他跟随赵老师编写港口工程混凝土结构设计规范时的经历时说：

调研时分了两个组，我和赵老师自始至终参加。赵老师在南方调查，我在北方调查，但赵老师是南北方兼顾，哪儿有问题赵老师肯定要去。这个阶段对我一生的影响很大，认识到仅有理论是不够的，工程实践很重要。我们编写钢筋混凝土设计规范是为工程设计服务。无论是哪一门理论，它最终还是要归结到应用上去，最终要变成生产力。整个规范编制过程中赵老师的言传身教对我影响非常大，我收获也非常大。

赵国藩在调查问题、收集资料的过程中，也积极向工程第一线人员学习，自己不清楚的问题虚心请教，同时还利用自己的专业知识解决工程中出现的问题。

在 20 世纪 70 年代编制《港口工程混凝土结构设计规范》时，赵国藩领导的小组到秦皇岛港调研，中交一局航五工程处的工程技术人员见到他，就马上把他围起来，向他请教他们在施工中遇到的难题。

中交一局航五工程处负责秦皇岛码头的建设。该码头是重力式码头，在预制场浇筑混凝土块体，预制混凝土块体的体积很大，约有 6m×3m×2m。混凝土浇筑几天后，工程处的施工人员发现有 70% 的预制块产生了裂缝。这些裂缝有轻有重，有的是贯通性的，有的是浅层的。如果裂缝是贯通性的，预制块体就要报废，不能再用。这样不仅浪费了材料，也耽误了工期。这个问题不解决就只能停工。

赵国藩带着调查组到现场进行了实地调查，并仔细询问了混凝土配合比、原材料情况，特别是水泥品种、产地，砂的含泥量及现场养护与施工条件等方面的情况。之后，赵国藩又看了预制混凝土块裂缝的位置和形态。经过反复思考和分析，赵国藩在工程处召开的裂缝分析会上，发表了自己对裂缝产生原因及施工方法等问题的看法。他认为码头方块尺寸很大，属于大体积混凝土，混凝土浇筑后产生的水化热是很高的，内、外部的温差大，形成了温度应力，导致预制块开裂。

赵国藩告诉他们，一般混凝土水化热导致的温度升高有一个过程，不是今天混凝土浇完之后，明天测量就测得最高温度，估计要二三天才能达最高温度。他建议测一下混凝土块体中心处混凝土的温度。工程处施工人员按原来的条件和方法另浇筑了

图 4-1　赵国藩（右一）在施工现场观察混凝土块的裂缝情况

一个混凝土方块，三天后数据出来了，块体中心处混凝土的温度接近80℃。

如何解决混凝土块体开裂的问题呢？赵国藩拿到数据后，向工程处施工人员提出了如下建议：①严格控制砂的含泥量；②条件允许时应尽量采用低热水泥；③混凝土入模温度不能太高，为降低混凝土入模温度，砂、石不能在太阳下暴晒，用冰水拌合混凝土；④选在晚上气温较低时浇筑混凝土；⑤预制现场搭棚，不要让预制方块直接暴露在阳光下，要防风防晒，避免混凝土失水过快；⑥加强养护，至少两周之内要保持潮湿。

中交一局航五工程处的施工人员采纳了赵国藩的建议后，预制混凝土块的裂缝出现率从70%降低到5%左右。裂缝减少，提高了施工过程的工程质量，并缩短了施工工期，为工程单位解决了大问题，这是他理论与实践相结合的又一成果。

图 4-2　赵国藩在工地现场（1985 年）

赵国藩对这段经历曾做过这样的回顾：

（20世纪）70年代，我国的建筑工程、水利水电工程、港口工程等专业根据国内工程实践经验和科学试验研究的成果，开展了各专业钢筋混凝土结构设计规范的编制工作。我有幸参加了几项专业规范的工程调研、专题研究和编制工作，在工作中得到了众多工程设计、施工单位科技工作者的帮助，学到了在学校难以学到的工程实践知识。[①]

编写水利电力工程规范

钢筋混凝土结构是各种工程中应用最多的结构形式。我国土木和基础设施建设分为五大行业，即建筑工程、水利工程、公路工程、水运工程和铁路工程，各行业都有自己的钢筋混凝土结构设计规范。因此，钢筋混凝土结构设计规范是工程设计应用最多、最为重要的设计规范之一。

规范的科学性和先进性主要体现在其采用的理论体系方面。到目前为止，从力学角度分类，结构设计理论先后经历了容许应力设计法、破损阶段设计法和极限状态设计法；从概率理论的应用角度分类，经历了定值设计法、半概率设计法和近似概率法。赵国藩在推动我国钢筋混凝土结构设计规范向极限状态法和可靠性设计法方面发展起到了重要作用。

20世纪70年代，赵国藩作为主要编写人参加了《水工钢筋混凝土设计规范》的编制工作，主编单位是水利电力部第四工程局勘测设

① 大连市关心下一代工作委员会编《科学家寄语下一代》，第2页。

计研究院（现中国电力工程顾问集团西北电力设计院有限公司，曾用名电力工业部西北勘测设计院）。在此之前，我国水工钢筋混凝土结构设计采用的是苏联的规范，当时正处于极限状态设计法的发展阶段，美国混凝土规范在 1971 年的版本中也开始采用极限状态设计方法，因此极限状态设计方法成为规范编写的基本原则。当时有关极限状态设计的著作、资料还比较少，赵国藩 1959 年编写的《钢筋混凝土结构按极限状态计算》一书，仍是当时钢筋混凝土规范编写参考的重要资料。另外，虽然从力学角度讲，规范采用了极限状态设计法，但从概率角度讲，仍属于半概率设计法，其中的一些系数是凭少量统计资料并结合经验确定的，确定这些系数时参考了赵国藩 20 世纪五六十年代的研究成果。

1978 年，赵国藩参加编写的行业标准《水工钢筋混凝土结构设计规范》SDJ 20–78 由水利电力部发布，1985 年该规范获国家科技进步奖三等奖，赵国藩排名第二。这是赵国藩第一次获得国家科技奖。

进入 20 世纪 80 年代，可靠度理论在结构设计中的应用研究取得了较大的进展，近似概率设计法或基于概率（可靠度）的极限状态设计方法开始用于结构设计。1984 年，建筑行业率先颁布了建筑结构设计统一标准试行版，水利水电工程行业也酝酿在水工结构中采用基于概率的极限状态设计方法，编制水利水电工程行业的统一标准，再按统一标准对各水工结构设计规范进行修订。

赵国藩在工程结构可靠度和钢筋混凝土研究方面均取得了重大成就，时代和科技的发展，又为他提供了新的用武之地。继建设部（现住房和城乡建设部）之后，1986 年国家计委计综 [1986] 450 号文批复了能源部、水利部编写国家标准《水利水电工程结构可靠度设计统一标准》（简称水工统一标准）的申请，同时行业标准《水工混凝土结构设计规范》（简称水工规范）也开始着手修订，修订组聘赵国藩为技术顾问。此时的赵国藩已经 60 多岁，他不顾患有多种疾病，又担起了水工统一标准编制和水工规范修订技术顾问的重任，与编制

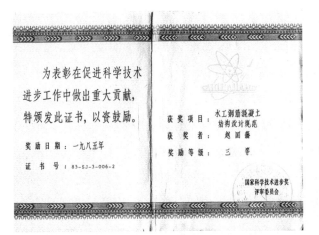

图4-3　赵国藩获得的国家科技进步奖三等奖
证书（1985年）

组就标准编写和修订中的重大问题进行研究和讨论。在水工统一标准编制和水工规范修订的过程中，赵国藩的著作《工程结构可靠度》成为重要的参考资料；除此之外，赵国藩提出的荷载统计的极大值法为水工统一标准所采用，提出的结构抗力统计的计算模式为水工规范所采用。赵国藩不仅对两本标准的编制和修订起了重要的指导作用，他的研究成果也为两本标准所采用，为我国水工结构设计标准的发展作出了重大贡献。

在谈到赵国藩作为水工规范修订的技术顾问、指导水工规范修订的贡献时，规范主编单位、原电力工业部西北勘察设计院的干城和余培琪说：

赵先生把自己的毕生精力奉献给了我国的教育事业，解决了大量实际工程技术难题，特别对《水工混凝土结构设计规范》的编制作出了巨大贡献。1993年4月，他在给规范主编单位负责人干城的信中写道："……虽有病躯未思退，愿将残年报规范"。说明赵先生在糖尿病、高血压、心脏病等疾病缠身的困境中，仍然一心一意要为规范工作而努力。[1]

① 干城、余培琪：《〈水工混凝土结构设计规范〉修订工作过程简介》，水利水电勘测设计标准化1996年第3期。

编写水运工程规范

中华人民共和国成立初期，由于缺乏经验，又没有专业队伍，我国未能编制出自己的港口工程建设规范。随着港口建设的发展，设计和施工任务逐年增加，在这种形势下，根据什么技术标准来具体指导设计和施工呢？没有一套符合我国实情的标准规范，就无法保证安全生产和提高工程质量，也就谈不上合理利用资源、推广先进技术以取得全面的经济效益和社会效益。1959 年之后，交通部（现交通运输部）组织编制、颁布了几册港口工程建设方面的规范单行本，但内容大多是参照苏联 20 世纪 50 年代的相关规范，其中许多规定不完全符合我国国情，而且规范数量又少，这对提高工程质量和降低工程造价有一定的影响。从 1971 年开始，根据国家建委的部署，交通部认真部署了标准、规范的编制和修订工作。

1971 年，交通部下达了交基字 1515 号文，指示水运规划设计院（现中交水运规划设计院有限公司）、大连工学院等单位的专家组成修订组，对原《水运工程混凝土和钢筋混凝土结构设计规范》Q/（交）HS 001–64 进行修订。赵国藩被任命为规范修订领导小组成员。

原规范设计体系采用的是破损阶段的单一安全系数法。赵国藩根据国外钢筋混凝土结构设计理论的最新发展和自己的研究成果，提出新规范采用经验与统计相结合的极限状态单一安全系数设计法的建议。另外与只计算承载能力一个方面的破损阶段设计法不同的是，极限状态设计法分别按承载能力极限状态和正常使用极限状态进行计算，既保证了极端荷载下港口结构的安全度，又保证了日常工作荷载下港口结构构件的变形、裂缝等满足要求。

编制组讨论后认为赵国藩的建议非常合理，体现了规范的实用性和先进性，因此接受了赵国藩的建议。之后，赵国藩与编制组的同事共同研究，根据港口工程结构的特点，提出基本安全系数与附加安全系数的概念，结构构件的安全系数取为基本安全系数与附加安全系数的乘积。基本安全系数反映了以下两个因素：在设计荷载或校核荷载组合系数的基础上，考虑结构物上荷载偶然因素所产生不利影响的安全系数，称为荷载系数；在材料设计强度取值的基础上，考虑正常情况下施工质量的偏差、构件材料的实际强度与试件强度的差异，以及构件受力特征不同等因素所产生不利影响的安全系数，称为构件强度系数。附加安全系数是考虑构件的重要性，特殊情况下荷载的变异，缺乏深入研究和实践经验的新结构，处于复杂应力状态下难以精确计算的结构等因素的安全系数。极限状态设计法的应用使港口混凝土结构的理论体系向前迈进了一步。

除此之外，新修订的规范还采用了赵国藩提出的钢筋混凝土构件的裂缝宽度计算公式。原规范中裂缝宽度的计算采用苏联莫拉谢夫的公式，计算烦琐，计算结果与试验结果差异较大。新规范的公式系根据百余根钢筋混凝土试件的试验结果并参考国内外有关资料后提出；公式不仅适用矩形、T形、工字形等截面的受弯构件，而且还适用于偏心受力构件，计算结果能较好地与国内外试验数据吻合，而且计算简单，方便设计人员使用。

1982年，赵国藩教授参加修订的行业标准《港口工程混凝土及钢筋混凝土结构设计规范》JTJ 220-82由交通部发布。

在20世纪80年代，结构设计计算基本还采用手算的方法。《工业建筑》期刊1985年第2期刊登了交通部水运规划设计院对新旧规范裂缝宽度计算的对比分析结果："新规范根据国内试验结果并参考各国规范的计算公式，通过数理统计分析提出了新的裂缝宽度计算公式，简化了计算，仅用两个公式就可得到结果，计算准确性也有所提高。试算比较表明，按老规范［Q/（交）HS 001-64］计算需20分钟，按新规范（指JTJ 220-82）计算只需4分钟，节省时间80%。"

1988年，《港口工程混凝土及钢筋混凝土结构设计规范》JTJ 220-82获交通部科技进步奖二等奖，赵国藩本人获全国水运工程标准技术委员会水运工程标准规范工作一等奖。

赵国藩关于钢筋混凝土构件裂缝研究的一篇代表性论文《钢筋混凝土构件抗裂度和最大裂缝宽度的试验和计算方法》，发表在《建筑结构学报》1980年第1期上。在《建筑结构学报》创刊四十周年的纪念

图 4-4　赵国藩获得的水运工程标准规范
工作获奖证书（1988 年）

活动中，编辑部组织专家在自创刊以来发表的 5000 余篇论文中评选出 40 篇优秀论文，赵国藩的这篇论文被评为优秀论文。说明尽管时间已经过去了 40 年，但他的研究成果仍有很大的影响力。

赵国藩所提出的钢筋混凝土构件裂缝宽度的计算方法简单、实用，为广大工程设计人员所接受。1985 年《公路混凝土及预应力混凝土桥涵设计规范》修订时，裂缝专题组对多个裂缝宽度计算公式进行分析比较后，也采用了赵国藩提出的公式。多年来，随着时间推移以及技术的提高，港口规范和公路规范裂缝宽度的计算公式不断改进，但基本形式一直没有改变。

主编《纤维混凝土结构设计与施工规程》

前面已经提到，鉴于国内已经在钢纤维混凝土研究方面做了大量工作，在 1986 年召开的全国钢纤维混凝土学术会议上，由赵国藩和其他专家组成的编写组向中国工程建设标准化委员会提出了编写钢纤

维混凝土标准的申请。他们先后申请了两本标准，一本是《钢纤维混凝土试验方法标准》，哈尔滨工业大学（樊承谋）是主编单位，大连理工大学（赵国藩）是第二编写单位；另一本是《钢纤维混凝土结构设计与施工规程》，大连理工大学（赵国藩）是主编单位，哈尔滨工业大学（樊承谋）是第二编写单位。两本标准称得上是姊妹标准，《钢纤维混凝土结构设计与施工规程》是为钢纤维混凝土结构的设计、施工提供一个可遵循的标准，《钢纤维混凝土试验方法标准》则是为满足《钢纤维混凝土结构设计与施工规程》中的技术要求而对钢纤维混凝土试验方法进行的统一规定。

1987 年，中国工程建设标准化委员会建标 [1987] 3 号文对编制《钢纤维混凝土试验方法标准》进行了批复，同意标准的编写。1987年 3 月 24 日至 25 日在黑龙江省庆安钢铁厂召开了《钢纤维混凝土试验方法标准》起草小组第一次会议，这次会议确定了《钢纤维混凝土试验方法标准》的内容、任务分工和工作进度计划。1989 年，《钢纤维混凝土试验方法标准》CECSII：89 颁布执行。

1988 年，中国工程建设标准化委员会建标 [1988] 10 号文对编制《钢纤维混凝土结构设计与施工规程》进行了批复，同意规程的编写。事实上，在编写委员会成立之前，赵国藩就已经做了大量的前期工作，编制了规程的总体大纲、章节目录、每章和每节的具体内容。

赵国藩先将他拟定的编制大纲草稿提交给编写组，编写组成员对编制大纲进行讨论，在规定的时间内提出修改意见，然后再由赵国藩汇总并组织讨论，编写组经过进一步讨论后形成正式的编写大纲，由中国工程建设标准化委员会组织专家审查。审查通过后再经修改完善，编写组开始分工编写。规程编写完成后，形成征求意见稿，向全国的同行专家广泛征求意见；之后编写组将专家的意见汇总起来再讨论哪些是可以接受的、哪些是需要进一步研究解决的。最后形成规程送审稿，报送中国工程建设标准化委员会，组织专家审查；专家审查后，再作进一步的修订，最终形成审批稿。整个编写过程中，拟定编制大纲是最重要的，它决定着规程的内容和适用性。如果规程的内容不能满足工程设计和应用的需要，就不能起到它应该起的作用。

编制《钢纤维混凝土结构设计与施工规程》的难点有两个。一是钢纤维混凝土是一种新型材料，国内以前没有这方面的标准，国外这方面的标准也不多，作为国内的标准，必须符合中国的国情。另一个难点是，前面已经讲过，我国工程建设领域有五大部门，每个部门都有自己的钢筋混凝土规范，有时相同的构件这些规范采用的设计计算方法是不同的，材料性能指标也不相同，因此如何使《钢纤维混凝土结构设计与施工规程》能够同时用于五大部门，并与五大部门现行的钢筋混凝土结构设计规范衔接是非常重要的。第一个难点相对容易解决，只要编写组齐心协力，多下功夫，就能保证标准的编写质量。第二个难点则需要高超的技巧。赵国藩作为钢筋混凝土方面的知名专家，对全国五大部门的钢筋混凝土规范都非常熟悉，这也使他解决起第二个问题时得心应手（图 4–5）。

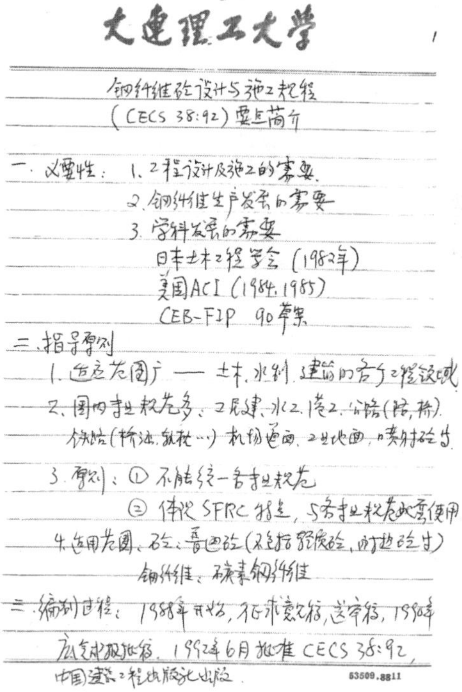
大连理工大学

1

钢纤维砼设计与施工规程

（CECS 38:92）要点简介

一、必要性：1、工程设计及施工的需要

2、钢纤维生产发展的需要

3、学科发展的需要

日本土木工程学会（1983年）

美国ACI（1984、1985）

CEB-FIP 90草案

二、指导原则

1、适应范围广——土木、水利、建筑的各个工程领域

2、国内专业规范多：工民建、水工、港工、公路（路、桥）、铁路（桥涵、轨枕……）机场道面、工业地面、喷射砼等

3、原则：① 不能统一各专业规范

② 体现SFRC特点，与各专业规范配套使用

4、适用范围：砼：普通砼（不包括轻质砼、耐热砼等）

钢纤维：碳素钢纤维

三、编制过程：1988年开始，征求意见稿，送审稿，1990年底完成报批稿，1992年6月批准CECS 38:92，

中国建筑工程出版社出版

53509.8811

图 4–5　赵国藩拟定的《钢纤维混凝土结构设计与施工规程》编写大纲手稿

他对国内外已有的钢纤维混凝土材料性能和钢纤维混凝土构件承载力、变形、裂缝宽度的研究成果进行了分析，发现钢纤维混凝土的材料性能可以用普通混凝土的材料性能与一个钢纤维参数（钢纤维的长径比与体积含量的乘积）线性函数的乘积表示，采用这种表达方式，可以认为钢纤维混凝土材料性能与普通混凝土材料性能

的变异系数是相同的；当按照普通混凝土结构的计算公式对钢纤维混凝土结构进行设计时，只需将普通混凝土的材料性能代换为钢纤维混凝土的材料性能即可，同时钢纤维混凝土结构与普通混凝土结构的可靠度是一致的，这样不但解决了钢纤维混凝土结构设计方法如何与五大部门现行混凝土结构规范设计方法的协调问题，也解决了钢纤维混凝土结构与普通混凝土结构可靠度的一致性要求的问题。

赵国藩把他的想法告诉了编制组的成员，编制组一致同意他的方案，认为这是一个非常简单但却非常有效的方法，解决了规程编写中的一个大问题。赵国藩解决这一问题的技巧体现了他思维敏捷、知识丰富和综合运用各种知识的能力。他是钢筋混凝土方面的专家，也是工程结构可靠度方面的专家，知识的融会贯通使他解决起问题来得心应手。这个问题的解决也体现了赵国藩解决工程问题的理念，他常说，解决工程问题，设计计算方法、计算公式宜简不宜繁，要方便工程设计人员应用。

图 4-6　赵国藩（前排左六）与《纤维混凝土结构设计与施工规程》修订
工作会议代表合影（1996 年）

1992年，由赵国藩主编的《钢纤维混凝土结构设计与施工规程》CECS 38：92正式颁布。全国钢筋混凝土结构标准技术委员会的审查专家对该规程的评价意见为："（它）是一本具有国际先进水平的规范，在理论上和实用上都有很大突破，其系统性和规定的详尽程度超过了当时世界上仅有的日本的《钢纤维混凝土结构设计与施工指南》（1984）和美国的《钢纤维混凝土的设计考虑》（1990）。"美国混凝土学会（ACI）的专家指出："编制的规程对世界其他国家的工程师也是有用的"。据有关应用证明材料推算，在规程颁布后的几年中，我国钢纤维混凝土用量大幅度上升，规范应用取得了显著的经济效益。1999年《钢纤维混凝土结构设计与施工规程》CECS 38：92获教育部科技进步奖一等奖。

后来，赵国藩又主持编制了建设部标准《钢纤维混凝土》JG/T 3064–1999。与《钢纤维混凝土结构设计与施工规程》CECS 38：92相比，《钢纤维混凝土》JG/T 3064–1999不但内容更为丰富，应用面更广，等级上也提高了一个层次。

赵国藩一生共主编、参编结构规范7部，这些规范吸收了赵国藩和他的团队的多项研究成果。1987年11月5日至12日，在四川省举行的《混凝土结构设计规范》GBJ 10–89研讨会上，赵国藩的挚友周氏教授拟了一副称赞赵先生的对联：

图4-7 赵国藩获得的国家教委科技进步奖证书（1999年）

搞研究，带博士，更编水工规范，一代当名师

承拉乌，超穆拉^①，还探结构安全，九州称砼^②圣

　　土木、水利工程是一门应用性非常强的学科，既要有理论基础，又要重视工程实践和应用。学以致用、研以致用是赵国藩从事土木、水利工程研究的基本信条。他曾经说过："建筑物的基础对于建筑物的牢固、安全非常重要。基础知识对于人一生的工作和学习，同样十分重要。"在科学研究方面，他取得了令人瞩目的成就，在解决工程问题方面也同样作出了重大贡献。针对一个具体工程问题进行研究，解决的是个性问题；而研究成果用到工程设计规范，则解决的是共性问题，它影响的是一个行业，甚至是一个国家。工程设计规范的第一条一般都是这样写的：应"符合安全可靠、经济合理、技术先进、确保质量的要求"，简单几个字，定位了工程规范编制的基本原则。赵国藩对我国早期工程规范的贡献，不仅体现了他在钢筋混凝土结构和结构可靠性方面的学术造诣，引领了我国工程科学的发展，也体现了他爱祖国、为人民服务的高尚情怀，实现了他青年时立下的科学建国、科学强国的远大志向。

① "拉乌"和"穆拉"是苏联两位钢筋混凝土专家名字的简称。
② "砼"，音 tóng，混凝土的简写。

第五章

攻坚克难
求是拓新

我国的科学研究分为三个层次：基础研究、应用基础研究和应用研究。基础研究是当前尚不能明确应用目标但对推进未来科学技术的发展有重要作用的研究，应用基础研究是有明确的应用目的但短期不一定能得到应用的研究，应用研究则是应用目标非常明确且可直接产生经济效益或社会效益的研究。为了加强对基础研究和应用基础研究的支持，推动科学技术持续稳定地发展，攀登世界科学高峰，国家从 1992 年起设立了"攀登计划"重大基础研究和应用基础研究项目。赵国藩当时已年近古稀，但他精神上仍保持着青春的活力，带领他的研究团队开始了为期五年的"攀登"。

担任攀登计划项目专家

"攀登计划"项目是国家针对科学或工程中的基础性问题，集中国内优势力量进行联合攻关的项目。虽然在 20 世纪 80 年代我国开始了经济体制改革，经济有了较快的发展，但总体来讲当时的经济还是不富裕，在这种情况下国家能把一部分财政用于基础研究和应用基础研究已实属不易，因此"攀登计划"项目的立项和评审是非常严格的。

按照上述科学研究的三个层次，"攀登计划"项目的遴选，必须符合以下四个条件之一：①属于学科前沿性研究，预测在 20 世纪末可能取得重大突破；②具有重要应用背景，为我国经济建设所急需，国际上很活跃；③能发挥中国地理、资源和研究工作特点，可望取得中国特色的成果；④已在国际上具有优势，居世界先进水平，将继续取得重大进展的研究。

在众多获得立项的"攀登计划"项目中，"重大土木与水利工程安全性与耐久性的基础研究"是唯——项土木和水利工程领域的项目

（2000 年后该类项目改为"973"项目）。该项目得到了清华大学张光斗[①]院士的鼎力支持，由当时的清华大学土木工程系主任刘西拉教授任首席科学家，集结了国内土木和水利工程的顶尖科学家，成立了项目专家委员会，赵国藩教授被聘为专家委员会委员，其中还包括清华大学水利系张楚汉院士，武汉岩土工程研究所葛修润院士，中国水利科学研究院朱伯芳院士，同济大学桥梁工程系项海帆院士，以及同济大学桥梁工程系范立础教

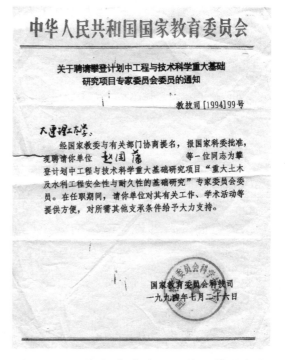

图 5-1　国家教委聘请赵国藩为攀登专家委员会委员的通知

授和建筑工程系沈祖炎教授。在项目启动的第二年（1997 年），赵国藩教授被评为中国工程院院士；在项目完成后的几年内，范立础教授和沈祖炎教授也先后被评为中国工程院院士。由此可见该项目组研究队伍的实力。

　　赵国藩在这个攀登计划项目中负责两个子课题：①课题 5.2："新老混凝土的黏结机理和测试方法研究"，②课题 6.1："建筑结构安全性与耐久性设置标准的基础研究"。两个课题都有深厚的研究背景和应用意义。

---

① 张光斗（1912—2013 年），出生于江苏省常熟市，水利水电工程专家和工程教育家，中国水利水电事业的主要开拓者之一，曾任清华大学副校长，中国科学院和中国工程院资深院士。

混凝土补强加固技术研究

混凝土的诞生已有一百多年的历史，混凝土结构的应用日益广泛，已成为构筑现代文明大厦的"基石"。它在使用过程中会受到自然界物理、化学及生物作用，老化病害问题不可避免，因此针对老化病害混凝土结构的维修、加固已成为工程领域的重大课题，而其中的关键问题是新老混凝土的黏结质量。以往，人们常根据经验对新老混凝土接合面进行处理，缺乏对黏结性能的系统研究和分析，由于新老混凝土黏结破坏导致维修、加固失败的事故时有发生，因此对新老混凝土的黏结性能进行研究已迫在眉睫。基于此，赵国藩敏锐地把握该研究方向蕴含的重大科学和工程意义，他在项目一开始就提出要将课题命名为"新老混凝土的黏结机理和测试方法研究"，即立项后的"攀登计划"课题 5.2，由此也带动了国内许多科研机构和高校对此研究方向的关注和投入，为老化病害混凝土结构的维修、加固提供了强有力的技术支撑。赵国藩在领导这个课题研究的过程中始终将明确科研目标、把握科研方向、解决工程问题放在第一位。

赵国藩在总结新老混凝土的黏结机理和测试方法研究课题时这样写道："混凝土结构是当代土木水利工程中应用最多的结构。在人为和自然环境的作用下，每年都有大量建筑物发生损坏和劣化，需要修补和加固；还有些建筑物由于环境条件和使用功能的改变及使用龄期的延长也需要加固和改造，因而混凝土结构的维修、加固和改造已成为工程领域的重大课题。在维修、加固和改造的混凝土结构中，新老混凝土黏结面是结构中新的薄弱部位，其质量状况是关系到工程能否继续使用的关键。"[①]

承担这个课题后，赵国藩立刻带领课题组查阅了许多相关的文

---

① 大连理工大学档案馆（1999–K–112–026）。

献，从黏结面的处理方法、修补材料的选择和应用、界面剂的选择和使用、老混凝土基层的质量、新混凝土的养护条件、修补结构所处的使用环境等六个方面进行分析归纳，总结了高压水射法、喷砂（丸）法、人工凿毛法和钢刷刷净法处理黏结面时的特点，并采用触针法、灌砂法和表面粗骨料暴露法评价混凝土黏结面的粗糙度。

完成好科研项目，实用方法和试验研究是重要保障。赵国藩带领课题组首先进行了新老混凝土黏结抗折强度的试验研究。为了使试验能够顺利进行，他提前列出了 3 种变化因素：①黏结面的处理方式：自然面、钢刷刷糙面、人工凿毛面；②界面剂：铁铝酸盐水泥浆、掺10% U 型膨胀剂的水泥浆；③新混凝土种类：钢纤维混凝土、尼龙纤维混凝土、铁铝酸盐水泥混凝土。

1995 年 9 月，应赵国藩的邀请，日本千叶工业大学足立一郎教授来大连理工大学讲学，介绍了各种机械打毛方式和打毛深度对新老混凝土黏结的影响，以及触针法粗糙度测定仪的工作原理和推广应用情况。这些内容从侧面反映了日本关于新老混凝土黏结的最新研究成果，对他承担的这一课题的开展有一定的借鉴作用。

为了与工程实际相联系，赵国藩主动与大连周水子国际机场远东清洗有限公司协作，采用美国 PLOW 公司 40DQ 型高压清洗机的高压水枪，制作了理想的冲毛黏结面试件。他还根据分形几何理论，仿照Sannma 的仪器，自制了一台分维仪。采取以上措施后，赵国藩带领他的课题组很快完成了下列一系列试验和研究：①黏结面处理方法中的高压水冲法、影响黏结面处理深度的混凝土碳化分析；②黏结面粗糙度的评价方法；③黏结面在静力作用下的轴拉强度、黏结面的劈拉强度、混凝土冷缝的劈拉强度、黏结面的抗折强度、影响黏结面劈拉与抗折强度因素的显著性检验分析、黏结面的拉剪与压剪强度、黏结面的拉压剪强度、黏结面的压压剪强度和黏结面剪切强度的塑性极限分析；④黏结约束收缩的性能分析、不同种类新老混凝土黏结的约束收缩试验分析等。

据赵国藩的学生袁群回忆：

在进行项目研究期间，赵国藩先生领导的项目组还承担了一项生产任务，即某电厂一钢筋混凝土框架结构在施工过程中出现了冷缝病害，需要对其进行安全检测分析和加固。混凝土冷缝病害一般起因于施工中的意外事故，当施工中混凝土浇注被迫中断，且中断时间超过混凝土初凝时间时，如果不对先期浇注的混凝土结合面进行处理，或处理质量欠佳而直接浇注后续混凝土，就会在结合面上形成混凝土冷缝。这本是大家普遍熟知的一种混凝土病害，但赵国藩先生却能透过现象抓本质，认为混凝土冷缝本质上也是一种新老混凝土的黏结工况，这样既将生产任务赋予了更高的理论内涵，也将"攀登计划"项目研究与实际工程实现了完美对接，起到了事半功倍的效果。[①]

赵国藩领导的"攀登计划"项目5.2课题的完成，不但为国家国民经济建设作出了很大贡献，还为促进人才培养和国际合作做了许多的工作。"攀登计划"项目的5.2课题，共培养这个研究方向5名博士生，1名硕士生。

现任浙江工业大学教授的赵志方于1995年考取大连理工大学赵国藩教授的博士研究生，1998年毕业。在赵国藩的指导下，赵志方参加了"国家攀登"计划5.2课题的研究。毕业后她先到山东烟台大学工作，并担任山东省高校结构工程重点实验室副主任与烟台大学土木工程学院副院长。在她任职期间，赵国藩作为"来鲁工作院士"，经常指导与帮助山东的科研教学工作。作为烟台大学特聘教授，赵国藩长期帮助设在烟台大学的山东省高校结构工程重点实验室的建设与发展，指导创建新老混凝土黏结和混凝土断裂力学两个研究方向。据赵志方回忆说：

---

① 袁群访谈录，2013年，郑州。资料存于采集工程数据库。

赵老师长期指导与帮助我做新老混凝土黏结与工程应用研究，使我在长江三峡工程新老混凝土黏结研究方面取得很大进展。我在清华大学做第二站博士后期间，在赵老师指导下，总结我与葛洲坝集团公司在长江三峡工程中新老混凝土黏结的研究成果，由中国水利水电出版社出版赵老师作序的科研专著《新老混凝土黏结机理研究与工程应用》。

研究新老混凝土黏结机理和关键技术，对混凝土结构的加固、扩建等工程意义重大。该书根据新老混凝土黏结面处理、粗糙度的测量方法、各种力学性能、黏结面的收缩和断裂特性等研究成果，系统地阐述新老混凝土黏结机理，并结合长江三峡工程，介绍成果的应用，书中还对南水北调中线源头工程——丹江口大坝加高工程中的新老混凝土黏结问题做了有益的探索。这是我国较早探讨新老混凝土黏结机理研究与工程应用的一本科研专著。[1]

"国家攀登"计划 5.2 课题之所以能够按期完成，主要是赵国藩组建了素质较高的科研队伍，拥有先进的仪器设备，并在以往积累了较多的相关科研成果。在日常的研究工作中，赵国藩还非常注重课题组定期的学术交流，发挥集体智慧，建立课题组内部的检查汇报制度。

结构安全性与耐久性研究

建筑结构通常指的是我们居住、办公、购物、从事工业生产和各

① 赵志方的邮件，2014 年 6 月 2 日。

种活动等使用的"房子",可以说自从地球上有了人就有了居住的需求。古代的猿人居住在天然的洞穴中,但与其他动物不同的是,人不只满足于居住在天然的洞穴中,而是具有改善自己生存条件的要求和主动性,因此建造房屋是人类文明发展史上的一个重要标志。但受科学技术发展水平的限制,早期没有数学、力学原理可以使用,也没有精确的试验技术,房屋的建造基本是在经验的基础上发展起来的,这种发展或者是以人的生命安全、巨大的经济损失为代价,或者是以大量的材料耗费和资源浪费换来的。随着力学和试验技术的发展,20世纪中期结构设计理论才逐步完善,但仍有一些基本问题没有得到很好的解决,其中一个问题就是建筑结构的安全描述方法和安全度水平问题。传统上采用安全系数描述结构的安全度,但安全系数是一个经验系数,并不能完全反映结构安全的本质,例如在20世纪60年代的建筑设计规范中,砖、石等砌体结构的安全系数很大,但并不代表它的安全度比钢筋混凝土房屋和钢结构房屋高。建筑结构的安全度水平应该取多大才合适,一直是一个困扰设计人员的问题。把建筑建造得安全些是人人希望的,但太追求安全就要消耗过多的材料,提高建造成本,造成资源紧缺。相反,降低建筑的安全度是人们不愿意接受的,要承担较大的由地震及其他各种自然灾害可能造成的风险。所以,从国家层面讲,建筑结构的安全度水平是安全与经济的平衡问题;它关系到的不是一家一户,而是中国十几亿老百姓的安居和生活水平。我国改革开放以来,经济快速发展,而建筑结构设计采用的标准和规范虽经多次修订,但安全度水平基本没有变化,总体上处于20世纪50年代的水平,在这种背景下,建筑规范的安全度水平需要重新审视和深入研究。这是一个看似简单但却非常艰巨的任务,因为建筑结构的安全度水平不仅与百姓的生活密切相关,而且还与国家资源的分配和其他行业的发展关系紧密。换句话说,这不仅是一个技术问题,同时也是一个国家战略决策问题。进行这方面的研究,成果可为国家建筑结构安全度水平的调整提供依据。

其实早在 20 世纪 40 年代，国外就开始对结构安全度问题进行研究，考虑舍弃通过经验方法确定的安全系数，采用概率方法描述结构的安全度，称为可靠性设计方法。这是因为建筑结构采用的材料性能存在很大的离散性，设计中考虑的各种荷载大部分也是随时间变化的，需要采用数理统计对材料性能和荷载进行统计分析，从概率角度把握它们的变化规律。可靠性设计方法是结构由确定性设计方法向不确定性设计方法发展的一个重要转折点。在 20 世纪 50 年代，赵国藩教授就在国内独立探讨用数理统计方法分析材料强度系数和荷载系数，于 20 世纪 60 年代提出用一次二阶矩法分析结构的安全系数。所以说赵国藩教授是我国结构可靠性研究的开创者和奠基人。20 世纪 80、90 年代，我国先后编制和颁布了建筑工程、公路工程、港口工程、水利水电工程和铁路工程结构的可靠性设计标准，赵国藩起了很大的指导作用。

建筑结构的安全是设计需要考虑的首要问题，除此之外，还要关注结构设计所要求的各种功能和耐久性。安全性针对的是结构承担各种荷载的能力，而耐久性针对的是结构抵抗各种侵蚀作用的能力。耐久性与结构的形式、采用的建筑材料及所处的环境有关。相对来讲，用砖石材料建造的结构耐久性比较好，一些古代和近代建造的桥梁、水利工程至今依然状态完好；而现代采用混凝土和钢材等人造材料建造的结构却容易遭到环境腐蚀介质的侵蚀，因而耐久性差。结构耐久性不足如同未老先衰的人，使用寿命会大大缩减，安全性也会以较快的速度降低。所以，建筑物的耐久性也是当前土木工程领域比较关注的问题。

除了前面提到的课题 5.2 外，赵国藩还承担了"攀登计划"的课题 6.1"建筑结构安全性与耐久性设置标准的基础研究"。为带领团队完成这一艰巨的科研任务，赵国藩制定了详细的研究计划，自始至终把握着正确的研究方向。他特别强调哪些是科研人员研究的技术问题，哪些是政府部门的决策问题。

图 5-2　赵国藩（左三）与刘西拉（左四）及参加攀登计划会议的学生合影（1997 年）（学生左起：赵志方，贡金鑫，张爱林，刘天云）

首先，赵国藩建立了一支以博士研究生为主力的研究队伍，由他牵头做课题负责人，全面负责管理整个课题，下配有课题秘书。课题秘书的职责是，根据整个课题的布局及研究进展，协调各研究成员的研究工作，每月组织课题组内部研究情况的汇报及其他的有关学术活动，负责课题年度研究报告的整理工作。课题组教授 1 人；博士研究生 9 人；博士后 3 人（其中副教授 1 人）；硕士研究生 3 人（后有 1 人转为硕博连读）。

确定好科研团队后，赵国藩根据项目立项时课题的目标，将课题研究的基本任务选定为以下四个方面：

（1）典型结构抗力与荷载的大规模实测；

（2）安全性的表达方法与精度设定；

（3）设计与维修理论的协调；

（4）安全定量分析与决策定性推理。

针对这四个方面，赵国藩确定的技术路线是：以建筑结构可靠度设计理论中当前急需解决的关键性问题为研究对象，以结构设计规范的应用为目标，应用现代的结构分析、计算技术和比较成熟的数学工具，对上述的基本研究内容，全面、系统地开展研究。

按照实际情况调整工作方针，这是赵国藩在整个项目中常常采用的方法。项目实施一年后，根据课题执行中遇到的一些问题以及与其他课题的协调，1996 年 3 月在"国家基础性研究重大项目子课题补充说明书"中，赵国藩又对课题的基本任务作了局部调整和说明。主要是考虑到有些课题已开展了施工期结构荷载的调查工作，有些课题也开展了老化结构抗力实测工作，不再重复对结构抗力和荷载的调查。

2000 年，恰逢项目接近尾声时，国内开展了建筑结构安全水平设置标准的大讨论。有些学者认为我国建筑结构的设计标准是从 20 世纪 50 年代的苏联建筑标准沿用过来的，虽然后来经过几次修订，但在安全度方面没有大的调整，建筑结构的安全度基本维持在 20 世纪 50 年代的水平，当时我国处于成立初期，物质匮乏，按当时的经济水平安全度是合理的。但改革开放后，我国经济已经有了很大的变化，建筑结构的安全度仍维持 20 世纪 50 年代的水平，这与当前的经济状况是不适应的，因此提出对建筑结构的安全度进行调整。赵国藩认为这是一个积极的建议，提出这样的建议正是反映了建筑结构设计安全水平与经济的平衡关系，与他承担的"攀登计划"项目的课题 6.1 的内容相关。当时建设部领导非常重视，组织了几次国内学者、设计院总工程师的讨论。在讨论会上，赵国藩根据多年对结构安全问题的认识和"攀登计划"项目的课题 6.1 的研究成果，发表了"影响工程结构可靠度的主要问题及对微调的建议"。这次会议不同学者和专家的意见以专集的形式发表在《建筑科学》1999 年第 5 期上，其中赵国藩教授的论文为第一篇，足见意见的重要性。在这篇论文中，赵国藩总结了中华人民共和国成立以来建筑结构服役的总体情况，本着厉行节约的原则并考虑我国经济的发展，提出对我国建筑结构设计的安全水平进行微调的建议。赵国藩和其他一些专家的意见成了后来我国建筑结构安全度水平调整的基础。2000年后颁布的建筑结构设计规范，对楼面活荷载、风荷载、材料强度设计值等进行了调整，使我国建筑结构的安全度水平有所提高，同时又不会造成建造费用增加太多。

赵国藩带领他的课题组经过5年的努力工作，出色地完成了课题的全部研究内容。提出了钢筋混凝土结构施工期可靠度的分析方法、考虑抗力随时间变化的可靠度分析方法及原始随机空间内的可靠度分析方法；对于难度很大的知识不完备性问题，借鉴"人工神经网络"和"生存分析"等新方法，作了富有成效的探索。这些成果与以往可靠性方面的研究成果综合在一起，获得1998年国家科技进步奖二等奖。

5年间课题组提交年度研究报告4本，顺利通过了1995年、1996年、1997年和1998年的年度检查。结合"攀登计划"项目的课题、由当时的博士研究生贡金鑫与赵国藩合写的论文"考虑抗力随时间变化的结构可靠度分析"（《建筑结构学报》，1998年第5期）2010年获《建筑结构学报》创刊30周年优秀论文。《建筑结构学报》是我国建筑结构领域最高级别的学报，由中国建筑学会主管，1980年创刊，30年来共出版184期，发表论文2451篇。这次共评选出20篇优秀论文，是编辑部根据这些论文的引用频次和下载量进行初选，再经过有关专家的认真评审

图 5-3　赵国藩获得的国家科技进步奖二等奖证书（1998年）

确定的。在《建筑结构学报》创刊 40 周年的优秀论文评选中，该论文再次被评为优秀论文。

赵国藩在课题研究过程中，还积极开展国际交流，1995 年 7 月"攀登计划"项目刚启动时，他参加了在澳大利亚召开的第六届国际桥梁与结构工程学术会议，同时作为亚洲混凝土模式规范研究委员会的中方代表，向亚洲国家的代表介绍了本课题的有关情况。除此之外他还先后参加了 1997 年在日本京都召开的第七届国际安全与可靠度会议，1997 年在中国台湾召开的第七届国际安全与可靠度会议，1997 年在中国台湾召开的第七届国际桥梁与结构工程会议和 1999 年在中国昆明召开的第七届国际结构工程会议并提交论文，向国外同行介绍了他承担的攀登计划课题的进展和取得的成果。

"攀登计划"项目 6.1 课题"建筑结构安全性与耐久性设置标准的基础研究"不仅按期完成了国家任务，还为以后的科研提供了许多宝贵的经验，赵国藩在总结报告中写道：

（1）"攀登计划"项目是涉及面广、起点高的基础性研究项目，研究队伍庞大。因此，项目的组织管理非常重要。我们感到项目实行动态管理是必要的，每年进行年度评审的办法是积极、可行的。

（2）研究生（特别是博士研究生）是课题研究的主力军，关心他们的生活，使他们无后顾之忧，全身心投入课题研究，是保证课题高质量完成的一个重要方面。

（3）本项目为期五年，时间跨度大，在研究生学习期满离校的流动过程中，保证研究内容的前后衔接非常重要。因此，要加强协调与合作，避免研究的重复与脱节。

（4）课题内部的定期讨论是活跃学术气氛、沟通课题组成员学术思想的好办法，同时也促进了课题组成员的工作。[1]

---

[1] 大连理工大学档案馆。

五年后，这个课题组共培养博士后 3 名，博士 9 名，硕士 4 名。

在编写本书的过程中，对"攀登计划"项目首席科学家刘西拉进行了采访。刘教授说：

虽然赵老师没有教过我课，但他一直是我心目中特别崇敬的师长。在执行国家攀登计划中，我从他身上学到了很多书本和课堂上学不到的知识。赵老师在国内工程结构界是一个相当有威望的教授，也是结构可靠度理论的领军人物。[①]

在谈到当时的"攀登计划"项目专家委员会委员以后的情况时，刘西拉非常自豪地说：

有 8 个"攀登计划"项目专家委员会委员，参加"攀登计划"项目前都不全是两院院士，执行完"攀登计划"项目后，这 8 个委员都是两院院士了，这其中也包括赵国藩老师。

① 对刘西拉的访谈录，2013 年 11 月 13 日，上海。资料存于采集工程数据库。

第六章

心系国家
重大工程

五年计划，全称为中华人民共和国国民经济和社会发展五年计划，是中国国民经济计划的重要部分，属长期计划。主要是对国家重大建设项目、生产力分布和国民经济重要比例关系等作出规划，为国民经济发展远景规定目标和方向。中国从1953年开始制定第一个"五年计划"，称为"一五"。

"七五""八五"和"九五"期间（1986—2000年）是我国改革开放以来发展的关键15年。正如赵国藩所说："在'七五''八五'直至'九五'期间，国家对重大土木、水利水电、港口建设投入了大量资金，开展关键性技术问题的攻关研究，还成立了国家自然科学基金委员会，资助基础学科的研究。在有关专业部门的领导下，我们陆续承担了多项课题的研究。"[1]在这三个五年计划期间，赵国藩心系国家工程的建设，投身科学研究；同时也正是这三个五年计划期间的国家重大工程，为赵国藩提供了献身祖国的用武之地。

情系水坝

水坝是拦截江河渠道水流以抬高水位或调节流量的挡水建筑物。可形成水库、抬高水位、调节径流、集中水头（将上游水集中在一起），用于防洪、供水、灌溉、水力发电、改善航运等。重力坝是由混凝土或浆砌石修筑的大体积挡水建筑物，其基本剖面是直角三角形，整体是由若干坝段组成。重力坝在水压力及其他荷载作用下，主要依靠坝体自重产生的抗滑力来满足稳定要求；同时依靠坝体自重产生的压力来抵消由水压力所引起的拉应力以满足强度要求。拱坝是一

---

① 大连市关心下一代工作委员会编《科学家寄语下一代》，第2页。

种建筑在峡谷中的拦水坝，做成水平拱形，凸边面向上游，两端紧贴着峡谷壁，借助拱的作用将水压力的全部或部分传给河谷两岸的基岩；与重力坝相比，在水压力作用下坝体的稳定不需要依靠本身的重量来维持，主要是利用拱端基岩的反作用来支承；拱圈截面上主要承受轴向压力，可充分利用筑坝材料的强度，因此是一种经济性和安全性都很好的坝型。"七五""八五"和"九五"期间，赵国藩分别承担了四川二滩拱坝工程、贵州东风混凝土双曲拱坝工程、云南小湾拱坝工程、贵州普定碾压混凝土拱坝工程、沙牌碾压混凝土拱坝和龙滩碾压混凝土重力坝工程的攻关专题。

四川二滩拱坝工程

二滩水电站是我国 20 世纪投产的最大水电站，为中国能源建设的重点工程。混凝土拦河大坝高 240m，在同类坝型中，当时属世界第三高坝，投资近 300 亿元。赵国藩和他的课题组承担了四川二滩拱坝工程 1 项"七五"攻关子题，3 项"八五"攻关子题。

赵国藩和他的课题组承担的"七五"重点攻关项目子题为"平面应变状态下混凝土本构模型研究"，时间是 1988 年。为了使这项研究顺利完成，他们首先研制了一套混凝土三轴试验装置，每个方向最大压力为 2000 千牛，最大拉力为 500 千牛。为了进一步提高工作效率，他们还将三轴试验装置同从美国 MTS 公司引进的疲劳试验系统联机。这样做达到了如下目的：①可进行变形控制试验；②数据采集处理全部由计算机自动实现，既可节省人力，又可提高试验精度，更重要的是可采集到应力—应变关系曲线的下降段。

三轴试验装置与 MTS 疲劳机联机后，推进了"平面应变状态下混凝土本构模型研究"项目的进度。由于赵国藩制定了正确的研究技术路线，方法先进，所以很快便完成了该项目合同所规定的任务。

完成的具体工作主要有以下四个方面：

（1）进行了目前国内外尚未开展的平面应变状态下混凝土变形和

图 6-1　二滩水电站高拱坝

强度特性的试验研究，研究成果填补了国内外在这方面的空白。由于比较出色地完成了二滩水电站攻关项目，所以四川成都勘察设计院又委托赵国藩课题组承担了平面应力及三轴加载的比较试验。

（2）根据试验结果，得出弹性状态下两种平面间混凝土的应力转换关系，这在国内外尚无先例。

（3）建立了便于工程应用的应变空间混凝土的破坏准则。

（4）把内时理论与损伤力学相结合，建立了混凝土的内时损伤本构模型，是混凝土本构模型的创新。

赵国藩领导的课题组完成的这项成果被鉴定为"达到国内领先水平，部分达到国际先进水平"，于 1991 年获能源部电力科技进步奖一等奖。

在"七五"攻关研究成果的基础上，赵国藩和他的课题组又承担了四川二滩拱坝"八五"攻关项目的 3 项子课题：①动荷载下混凝土强度变形特性及其试验方法；②全级配混凝土宏观力学性能研究；

③混凝土复合型动态断裂特性研究。

针对子课题①，赵国藩提出混凝土黏弹性和损伤滞后理论，建立了拉伸和压缩时混凝土的黏弹性损伤动态本构模型；还提出地震作用下用于结构全过程分析的混凝土加载、卸载过程线表达式，研究成果被鉴定为"国际先进水平"。

针对子课题②，赵国藩通过对全级配混凝土大尺寸试件和湿筛混凝土小尺寸试件在双轴拉压状态下强度和变形的试验，提出了考虑试件尺寸效应的主应力空间和

图 6-2　赵国藩获得的国家科技进步奖三等奖证书（1998 年）

八面体应力空间的混凝土破坏准则，成果被鉴定为"国际先进水平，部分国际领先水平"。

针对子课题③，赵国藩提出简便、实用的混凝土 I – II 复合型断裂准则和动态疲劳断裂准则，研究成果被鉴定为"国际先进水平"，于1996 年获国家教委科技进步奖二等奖。"八五"攻关项目 1996 年获国家计委、科委、财政部颁发的国家"八五"科技攻关重大成果证书，1997 年获电力部科技进步奖二等奖，1998 年获国家科技进步奖三等奖。

贵州东风拱坝工程

东风水电站位于贵州省清镇和黔西两县交界的乌江干流上，系乌江干流第一个大型梯级水电站，距贵阳市 88km，工程主要用于发电。

1984 年 11 月开工，1995 年 12 月全部投产。

东风混凝土双曲拱坝坝顶高程 978m，最大坝高 168m，坝顶中心弧长 254m，中心角 64.56° ~ 94.1°。在设计中从"扁平、减薄、少嵌"等方面入手，对拱坝体型不断进行优化，选定抛物线双曲拱坝方案，坝顶宽 6m，底宽仅 25m，厚高比为 0.163。

东风拱坝是当时亚洲最高的薄拱坝，坝体混凝土须严格防止危害性裂缝，否则维修将会十分困难，危害到大坝安全。对于像东风拱坝这样的大体积混凝土，采用混凝土断裂力学方法评价裂缝比较合理，但涉及评价指标断裂韧度 K_{IC} 的尺寸效应问题。混凝土断裂韧度 K_{IC} 的尺寸效应是早在 20 世纪 60 年代国外学者就提出的问题，但一直未能解决。赵国藩在承担该"七五"攻关专题的子课题"混凝土裂缝的评定技术"的过程中，与徐世烺通过对 3.6m × 3.0m × 0.2m 和 3.6m × 2.5m × 0.45m 特大型大骨料混凝土试件的试验研究和理论分析，在国内外首次发现了混凝土试件高度超过 2m 时，断裂韧度不随尺寸变化的规律，排除了尺寸效应的干扰，证实了线弹性断裂力学可应用于大体积混凝土结构的裂缝评定。这项研究成果具有重要的理论和实用意义。

图 6-3　乌江东风水电站大坝获国家科技进步奖二等奖、国家优秀工程勘察奖金奖

亚临界扩展量和阻力曲线也是描述混凝土断裂性能的重要参数。在测定混凝土在各级荷载作用下的亚临界扩展量和阻力曲线时，赵国藩主张采用光弹贴片、电阻应变片等手段和方法进行测试。课题组通过观察得到：当试件高度超过1m时，裂

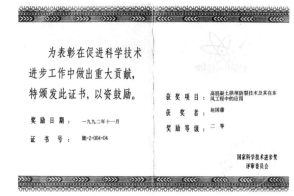

图6-4　赵国藩获得的国家科技进步奖二等奖证书（1992年）

缝稳定扩展长度与试件尺寸无关，此扩展长度约为200mm；由此所得的等效断裂韧度 K'_{IC} 与试件尺寸无关。他和徐世烺提出大型混凝土结构裂缝扩展的双 K 判断准则：①当 $K=K^s_{IC}$ 时，裂缝起裂，此处 K^s_{IC} 表示混凝土起裂韧度；②当 $K^s_{IC} \leqslant K \leqslant K'_{IC}$ 时，裂缝稳定扩展；③当 $K>K'_{IC}$ 时，裂缝失稳扩展破坏。其中 K 为混凝土的断裂韧度。

上面是赵国藩和徐世烺等结合国家重大工程在混凝土断裂力学研究中总结出的两条重要规律和结论。专家对这两项研究成果的评价是："此项研究成果已达到国际领先水平。"[1]

另外，赵国藩研究团队还应用激光散斑照相等现代测试手段，研究了混凝土裂缝扩展的全过程；在国内首次提出了用楔入劈拉法作为测定混凝土断裂能和断裂韧度试验标准的建议。成果被鉴定为"国际领先水平"，于1991年获能源部电力科技进步奖一等奖，1992年获国家科技进步奖二等奖。

云南小湾拱坝

澜沧江小湾电站大坝最大坝高294.5m，为当时世界在建的最高

[1] 赵国藩科技成就辅证材料，内部资料。

拱坝，坝址地质结构为堆积体和强卸荷裂隙发育带形成的复杂结构，地震烈度达到 8 度，其中 300m 级的抛物线形混凝土双曲拱坝、700m 的高边坡开挖、901.771m 的坝顶中心线弧长、最大水头 251m 的水头、高泄洪功率、大容量水轮发电机组制造等技术参数和施工难度堪称世界水电站之最。大坝施工技术复杂，是当时我国水电施工难度系数最大、风险最高的水电站工程。

"九五"国家重点科技攻关专题"300m 级高拱坝结构问题研究"是结合澜沧江小湾水电站拱坝工程而开展的，赵国藩和他的课题组承担了其中的子课题"拱坝孔口配筋理论和方法研究"。拱坝孔口比较复杂，与一般的钢筋混凝土梁、板、柱及其他比较规则的构件有很大不同，属于典型的实体结构，不能采用目前混凝土规范中混凝土构件的方法进行配筋计算，需要根据工程的特点、针对具体的问题进行专门的研究，具有相当大的难度，属于当时世界上尚未很好解决的问题。

在赵国藩的主持下，成立了科技攻关小组，首先制定研究方案，分别编制了二维和难度较大的三维非线性有限元分析程序，并进行了

图 6-5　澜沧江小湾水电站大坝

二维模型试验，检验程序的可靠性，进行拱坝孔口应力分析，并在此基础上提出了孔口配筋方案和配筋计算公式，分析了孔口配筋对裂缝宽度、深度及拱坝孔口单元强度的影响，为安全可靠、经济合理地设计拱坝孔口结构提供了依据。

这项子课题于 2000 年 2 月通过结题验收。朱伯芳院士等评审专家给予这样的评价："所提出的配筋公式，具有推广应用的前景。"[①]

"高拱坝应力控制标准研究"专题于 2000 年 11 月通过鉴定，认为"达到国际领先水平"，2002 年获国家电力公司中国电力科学技术奖一等奖。

贵州普定碾压混凝土拱坝

普定碾压混凝土拱坝位于中国乌江南源三岔河中游贵州省普定县境内，是中国第一座应用全断面碾压技术施工的混凝土拱坝，以发电为主，兼有供水、灌溉、养殖、旅游等综合效益。坝体混凝土总量 13.7 万 m^3，其中碾压混凝土 10.3 万 m^3，占坝体混凝土总量的 75.2%。该工程于 1989 年 12 月 15 日截流，是当时世界上已建的最高碾压混凝土坝，1991 年 12 月开始浇筑混凝土，1993 年 5 月 30 日大坝建成蓄水，1994 年 6 月并网发电。

普定碾压混凝土拱坝为定圆心、变半径、双曲非对称拱坝，最大中心角 120°，拱坝坝顶高程 1150.00m，最大坝高 75.0m，坝轴线全长 195.67m，坝顶宽 6.3m，坝底宽 28.2m，坝体厚高比 0.376。坝址区出露的主要岩石为厚层、中厚层灰岩及白云岩。泄洪设施为四孔溢流表孔，布置在大坝河床部位，孔口尺寸为 12.5m×11.0m（宽 × 高），堰顶高程 1134.00m，由 4 扇弧形工作闸门控制，最大下泄流量为 5260m^3/s，采用高低坎挑流消能。

普定大坝是结合我国"八五"科技攻关，采用高掺粉煤灰和低水

---

① 赵国藩科技成就辅证材料，内部资料。

图 6-6　中国首座高 75m 的普定碾压混凝土拱坝，获国家科技进步奖一等奖，国家优秀工程设计奖金奖

泥用量的碾压混凝土作为筑坝材料，应用碾压混凝土材料和筑坝新技术建成的我国首座碾压混凝土拱坝。由于坝体不设施工缝，采用整体、薄层、通仓、全断面碾压填筑，革新了常态混凝土拱坝分缝、分块的柱状浇筑的传统施工方法，省去了复杂的温控措施和烦琐的封拱灌浆工艺。作为我国第一个采用碾压混凝土的拱坝，对碾压混凝土拱坝层面抗剪特性尚缺乏了解，没有成熟的技术和经验可循，这成为普定拱坝设计及安全运行的一个关键问题。

为了解决碾压混凝土拱坝的层面抗剪特性的问题，受原能源部水利部贵阳勘测设计研究院的委托，赵国藩的课题组承担了国家"八五"重点技术攻关项目"普定碾压混凝土拱坝筑坝新技术研究"专题中的"普定碾压混凝土拱坝层面抗剪特性研究"子题。这是一个试验难度很大、工程针对性很强的课题，其成果将直接用于普定碾压混凝土拱坝设计。

赵国藩承担这项课题后，与课题组成员查阅了大量的国内外有关文献，到国内的科研院校、设计、施工单位进行了调查，总结分析了国内外碾压混凝土材料特性的研究状况、碾压混凝土坝施工方法分类、碾压混凝土筑坝的优点和缺陷及碾压混凝土的应用和发展，对普定碾压混凝土拱坝要研究的关键问题进行了梳理，在此基础上制定研究的技术路线。

赵国藩带领他的课题组首先研制成功了整套用于碾压混凝土层面抗剪特性试验的设备。这套设备功能齐全，出力大，最大压力为2000千牛，最大拉力为500千牛，剪力为2000千牛，可进行拉压剪、压压剪等多种应力状态的变形和强度试验，试件可为立方体、棱柱体或圆柱体，采用钢刷加载头，达到了国际先进水平。为准确反映普定现场碾压混凝土的特性，试验原样都直接取自于普定拱坝现场。采用这套自己研制的设备，他们对碾压混凝土进行了拉剪、拉压剪、压压剪状态下的本体和层面的强度和变形特性试验。

根据试验结果，赵国藩的课题组建立了包含拉剪、拉压剪、压压剪本体和层面特性的碾压混凝土破坏准则和内时损伤本构模型。内时损伤本构模型的先进性在于将内时理论与损伤力学相结合，采用较少的基本方程和参数就能反映碾压混凝土本构关系的本质；另外，该模型不需要采用屈服面的概念，这不仅使计算过程简化，更重要的是它符合碾压混凝土材料根本没有明显屈服面的特性。破坏准则的先进性在于通过一个应力状态函数将各种应力状态的破坏准则统一到一个公式中，并且各种应力状态可以自动转化，从而便于设计和非线性分析应用。

通过赵国藩课题组的研究，掌

图 6-7　赵国藩获得的国家科技进步奖一等奖证书（1998 年）

握了普定碾压混凝土拱坝层面的抗剪特性，为设计提供了依据，成果被鉴定为"国际先进水平"，于 1996 年获电力部科技进步奖一等奖，1998 年获国家科技进步奖一等奖。

沙牌碾压混凝土拱坝

四川沙牌碾压混凝土拱坝是 20 世纪末世界上在建的最高碾压混凝土拱坝，坝高 132m。1997 年 1 月，赵国藩课题组承担了针对四川沙牌碾压混凝土拱坝的国家"九五"攻关课题的子题"高碾压混凝土拱坝应力应变全过程仿真计算研究"，主要目的是紧密结合沙牌碾压混凝土拱坝的设计和施工，使"八五"攻关所取得的成果进一步得到应用；同时通过非线性有限元分析，研究沙牌碾压混凝土拱坝从施工到蓄水直到超载破坏的全过程应力状态及相应的安全系数，以满足沙牌碾压混凝土拱坝的施工与设计安全可靠、经济合理的要求。

针对该课题，赵国藩课题组进行了认真的分析和讨论，制定了研究的技术路线：

图 6-8　赵国藩（前排右三）与出席"高碾压砼拱坝分缝研究子题"验收会的专家和课题组成员合影

（1）根据设计单位提出的不同分缝位置、形式，分析其对坝体应力的影响，如不设缝、只设诱导缝、只设横缝，以及组合方案，即诱导缝和横缝同时布置。通过分析选出最优的分缝布置方案和施工方案，指导施工过程，保证施工质量和达到设计要求。

国家科学技术进步奖
证　书

为表彰国家科学技术进步奖获得者，特颁发此证书。

项目名称：碾压混凝土拱坝筑坝配套技术研究
奖励等级：二等
获 奖 者：大连理工大学

证书号：2005-J-222-2-05-D06

图 6-9　赵国藩获得的国家科学技术进步奖二等奖证书（2005 年）

（2）结合施工、蓄水过程和缝的布置方案，分析非稳定温度场对坝体裂缝状态的影响，并根据其开裂范围和程度，论证较佳的接缝灌浆时机。

（3）分析结构缝未灌浆条件下，大坝蓄水时的应力状态。

（4）结合设计单位提出的不同温度控制措施和不同施工方案，分析其对坝体应力、开裂、破坏的影响。

按照上述技术路线和研究内容，赵国藩课题组结合四川沙牌碾压混凝土拱坝的混凝土材料和施工特点，进行了大量的试验，在此基础上建立了碾压混凝土的本构关系和破坏准则，之后编制了考虑碾压混凝土分块、温度、自重、水压、接缝及碾压混凝土开裂、压碎等各种实际荷载和作用工况的全过程非线性有限元分析程序，利用该程序对沙牌碾压混凝土拱坝进行了从开始施工到蓄水至设计水位，直到超载开裂、破坏的全过程分析。

包括该子课题内容的整个课题于 2004 年获国家电力公司中国电力科学技术奖一等奖，2005 年获国家科学技术进步奖二等奖。

龙滩碾压混凝土重力坝

2007 年 11 月 2 日至 4 日，国际大坝委员会在贵州省贵阳市召开了第五届碾压混凝土坝国际研讨会，委员会主席路易斯·伯格等出席了会议。经过国际水电专家提名和甄选鉴定，首次在世界范围评选了 8 个"碾压混凝土国际性里程碑工程"，龙滩碾压混凝土重力坝位列榜首。

龙滩水电站位于广西天峨县境内，坝址以上流域面积 98500km^2，占红水河流域面积的 71%，是红水河上的"龙头"电站。该工程以发电为主，兼顾防洪和航运，其装机容量占红水河可开发容量的 35%~40%，具有巨大的调节蓄能作用，同时也是根治下游沿河两岸与西、北江三角洲地区的洪水灾害不可替代的防洪水库，还是沟通黔、桂、粤航运的关键工程。龙滩水电站具有巨大的综合利用与规模经济效益，技术经济指标优越，对地区经济发展具有极其重要的意义。

龙滩水电站计划分两期开发，主体工程之一的拦河重力坝也分两期施工：初期建设时，正常蓄水位 375m，坝顶高程 382m，最大坝高 192m；后期蓄水位 400m，坝顶高程 406.5m，最大坝高 216.5m，是世

图 6-10　广西龙滩碾压混凝土重力坝

界上首次在这样的高坝中采用碾压混凝土的工程，当时世界范围内正在建设中的碾压混凝土坝的最大高度仅150m。龙滩水电站重力坝采用了碾压混凝土筑坝技术，为此设立了国家"八五"攻关的专题"龙滩碾压混凝土重力坝结构设计及施工方法研究"。

我国早在20世纪80年代就对类似形式的重力坝进行了研究，并在许多电站中采用，但大多数是中低坝工程，像龙滩电站这样的高坝是前所未有的，技术难度也是世界之最。碾压混凝土大坝高度越高，设计要求的层面抗剪断强度参数也越高。

由于赵国藩是著名的混凝土结构专家，长期从事混凝土结构基本理论的研究，在混凝土断裂力学、强度理论、本构关系、非线性分析等领域都开展了较为深广的研究，并多次获国家、部委等科技奖励，研究团队力量雄厚，具有较高的学术素质和水平，在国内学术界和工程界有很高的知名度和美誉度，得到项目组织单位的信任，项目组织单位委托赵国藩团队承担该重点项目的三项子课题之一"碾压混凝土材料特性研究"，重点解决因碾压混凝土层面薄弱而存在的材料各向异性的本构关系和破坏准则以及整体结构的静动力特性。龙滩碾压混凝土重力坝也是赵国藩承担的国家自然科学重点基金项目"碾压混凝土高坝安全度分析新理论研究"的依托工程。

针对上述两个课题，赵国藩带领攻关团队进行了深入的研究。为了能够反映工程实际情况，他们从工程现场取样，采用自行研制的混凝土真三轴试验机和热学特性与渗流特性仪器进行了大量的试验；通过试验与理论分析，在国内首次提出碾压混凝土在直剪、拉剪、压剪、拉拉、压压、拉压状态下的破坏准则和拉压、压剪、双轴受力状态下的本构关系。采用反映碾压混凝土特性的单元，将断裂力学的虚拟裂缝模型推广至二维、三维问题，通过静、动力模型破坏试验和弹塑性有限元分析及断裂损伤分析，提出了碾压混凝土坝的安全度评价方法。

这些研究成果均为龙滩碾压混凝土重力坝的设计和安全度评估提供了依据。项目于1993年1月开始，1996年12月结题。1997年5

月，国家自然科学基金委员会对课题进行了结题验收，验收意见为："……试验设备先进，在国内首先进行双轴压应力状态下的试验研究；通过分析建立了多轴受力状态下的破坏准则，对龙滩等大坝设计有指导意义；……建立了碾压混凝土在拉剪、压剪和双轴应力状态下的本构关系，这在国内尚属首次。本课题的研究成果对碾压混凝土坝的设计方法起到了推动作用。"①

课题综合评价为 A。A 级为全面完成计划，研究工作取得突出进展或成果。

水运工程科技攻关

码头无黏结部分预应力混凝土梁

大直径预应力混凝土管桩，简称"大管桩"，是用离心机生产的大直径中空预应力混凝土管桩。国内使用大管桩是在 20 世纪 70 年代中期，随着我国航运事业的发展，原有的预应力方桩已不能适应，而钢管桩又造价高、维护困难。在这种背景下，国内于 70 年代中期开始对大管桩的制造进行可行性研究，"六五"期间"大直径预应力混凝土管桩制造与应用"正式列入国家重点科技攻关项目，并由苏州水泥制品研究院、南京水科院和上海冶金研究院协作，共同完成了大管桩的研制。"七五"期间开始逐渐尝试在港口工程建设项目中推广应用。"七五"攻关专题"大直径预应力钢筋混凝土管桩连片式码头结构技术开发"是在"六五"攻关成果"大直径预应力混凝土管桩"推广应用

① 赵国藩先生科技成就辅证材料，内部资料。

的基础上，在"七五"期间进一步由交通部选定武汉市红钢城多用途码头改建工程作为依托工程进行的"七五"攻关专题研究。赵国藩承担了其中"无黏结部分预应力混凝土 T 型梁的试验研究"子课题。

无黏结部分预应力混凝土梁配置的主筋为无黏结预应力筋。无黏结预应力筋沿其全长涂有专用防腐油脂涂料层和外包层，使之不与周围混凝土产生黏结力，张拉时可沿纵向发生滑动。采用无黏结预应力混凝土省去了传统后张拉混凝土的预埋管道、穿束、压浆等工艺，节省了施工设备，简化了施工工艺，缩短了工期，综合经济指标较好。在码头工程采用大直径预应力混凝土管桩和无黏结部分预应力混凝土梁是对码头结构的一种创新。针对"无黏结部分预应力混凝土 T 型梁的试验研究"子题，赵国藩课题组通过大量的试验和理论研究，提出强度、刚度、裂缝宽度、可靠度等一系列设计计算方法，先选取九江旅客码头作为试点工程进行试设计并进行了现场测试，而后作为港口工程的首例，应用于武汉红钢城多用途码头工程。该项"七五"攻关专题两次获国家计委、科委、财政部颁发的集体荣誉证书，1991 年获交通部"七五"攻关成果一等奖。

码头钢筋混凝土板

"七五""八五"期间，随着我国改革开放和经济腾飞，我国航运事业快速发展，集装箱码头建设规模越来越大，集装箱堆积越来越多，码头上部梁板承受的集中荷载也呈现不断增大的趋势，一个集装箱几十吨，为了减小占地面积，摞得非常高，要摞到 4 层甚至 5 层，导致集装箱四个支腿的压力越来越大。另外，从码头使用管理的角度来看，大型移动机械在码头上的位置是随机的。由于在码头面板中设置箍筋施工非常麻烦，传统上码头的面板都不设置箍筋，集中荷载对码头面板的剪切和冲切作用是新的历史时期应解决的关键问题。

"七五"期间，交通部将无箍筋码头面板抗剪计算课题列入攻关计划中，也是规范修订的延续课题，由大连理工大学、河海大学、郑州大学和天津水科所四个单位共同承担，赵国藩担任这个项目的总技术负责人。作为技术负责人，赵国藩首先强调了研究的重点内容和方向，并强调这个课题一定要结合和针对行业特点，既要解决个性问题，又要解决共性问题，最后成果要能够纳入设计规范，成为规范修订的依据。

20世纪80年代，实验室条件还比较落后，赵国藩和他的课题组首先要解决的是条件差、设备简陋的问题。当时的实验室，只有10t的吊车，一个地锚只可以加载到40t。而试验板的厚度有100mm，200mm和300mm三种，最大的一块板，跨长3.8m，重达七八吨，这个重量已经接近吊车的额定极限，如果盲目起吊，很容易出现事故。

赵国藩与他的博士生彭放一起讨论试件吊运的难题。在简陋有限的试验条件下，他们充分发挥自己的聪明才智，挖掘实验室的潜力，在加载装置的设计及起吊方法上动脑筋，圆满地解决了这一难题。为了最大限度地模拟实际工程中无箍筋板在集中荷载作用下两端支座反力的分布状态，他们采用柔性钢枕袋囊测试支座的反力，并与成都的试验设备专业厂家一起成功开发了这一产品。

在赵国藩的带领下，由大连理工大学、河海大学、郑州大学和天津水科所四个单位组成的课题组联合攻关，终于圆满完成了交通部下达的这个科研攻关项目。研究成果最后被交通部港口工程混凝土结构设计规范采用，成为指导工程设计的依据。

科学和严谨的治学态度

上述是赵国藩和他的课题组承担和完成的大坝工程和港口工程的7项国家重大工程关键技术中的10项攻关子题，研究成果为工程设计和建造的顺利完成提供了保障，同时推动了工程科学的发展和技术的进步。除此之外，赵国藩还作为专家两次受邀赴三峡工地现场进行大坝和高船闸的工程咨询，多次受邀参加芜湖长江大桥、奉节长江大桥、深圳彩虹大桥、福州大跨拱桥、广州海印大桥、深圳地铁工程、渤海油井等重大工程的咨询、鉴定、评审以及国家规范的审定，为我国重大工程建设作出了积极贡献。

重大土木建筑和水利工程的科研课题一般都难度比较大、研究内容比较多，需要多人协作完成。作为一名著名的土木建筑和水利工程专家，赵国藩一直强调集体的力量和集体的智慧。他作为课题的负责人，注意发挥课题组每一个成员的特长和优点，从来不以课题负责人自居，尊重每一个课题组成员的意见，勇于承担责任。在赵国藩看来，工程计算必须认真、严谨，来不得半点马虎，稍不留神就可能出问题。尤其是对一些以往不太熟悉的问题，更需要下大功夫推敲、验证。对于每一份研究报告，赵国藩都逐字逐句修改，确保每条结论正确、表达严谨。他经常说，工程研究结果不要复杂化，研究成果表现

图 6-11　赵国藩（前排左五）与出席三峡工程科研成果鉴定会的专家和课题组成员合影（前排左六为潘家铮院士，时任三峡技术委员会主任、中国工程院副院长）（2001 年 11 月 18 日）

形式可以简单，但必须确保正确、适用。在完成这些项目的过程中，他曾为一名课题组研究生撰写的研究报告花了整整三天时间批改，几乎改过每一个句子。他曾说过："没有经过实验室反复试验的检验或者至少一次工程实践证明的数值分析成果，永远只是一个待定的结果。"他传教给课题组成员及所指导研究生的不仅是提出问题、解决问题的方法，更是科学和严谨的治学态度。

"七五"至"九五"是我国水利水电和水运工程发展的重要时期，国家对水坝和港口建设投入了大量资金。目前，这些工程的经济效益和社会效益已经显现，不仅在供水、发电、灌溉农田、调节洪峰（消除或减少电站下游区域的水灾的影响）、养鱼、旅游和提高区域航运能力方面起着越来越重要的作用，同时也为国家提供了绿色环保能源，减少了火力发电造成的环境污染。例如，龙滩电站工程建成后，50% 以上的电力送往我国经济大省广东，作为广东"十一五"期间的电源点纳入电力电量平衡，大大缓解了广东省由于经济快速发展所引起的电力供需矛盾。在这些超级工程的建设中，赵国藩带领他的科研团队参与了多项攻关课题，贡献了他们的智慧和力量。他们的科研成果，也为以后的工程建设所参考和借鉴，推动着国家的科技进步和经济建设的发展。

图 6-12　赵国藩（左八）与参加深圳彩虹大桥科研成果鉴定会
的专家合影（右五为陈肇元院士）

第七章

教书育人
桃李满天下

赵国藩为我国的科学研究和工程建设作出了重大贡献，是一位科学家；同时他培养了大批从事科学研究和工程建设的人才，桃李满天下，不仅是一位和蔼可亲、学风严谨的老师和导师，在教书育人的过程中，也形成了自己的教育思想，是一位忠诚于党的教育事业的教育家。

杰出的导师

1976 年，"十年动乱"结束；1978 年，党中央拨乱反正，实行改革开放，中国开始进入以经济建设为中心的新时期。为了适应经济发展，满足国家高层次建设人才的迫切需要，国家在恢复高考制度的同时，也恢复了研究生招收考试制度。1978 年 9 月，大连工学院开始招收"十年动乱"结束后的第一批硕士研究生。赵国藩教授招收了四人，他们分别为黄承逵、陈本沛、杨洪标、翟增全。经过赵国藩的精心培养，他们自己也刻苦努力，毕业后，均成为不同领域的高层次人才。黄承逵、陈本沛成为教授，杨洪标成为教授级高工，翟增全赴美国创办企业。

1978 年 11 月 2 日，根据《全国重点高等学校暂行条例》的有关规定，大连工学院重新组建了学术委员会。屈伯川担任主任，钱令希、雷天岳、刘培德、李士豪、林纪方、胡国栋、侯毓汾、陆文发、聂恒锐、章守恭等 12 人担任副主任。委员共有 36 人，赵国藩名列其中。

进入 20 世纪 80 年代，大连工学院高层次人才培养工作进入了一个新的阶段。此时的大连工学院领导认为，要想跻身于国内一流大学的行列，就必须把研究生工作放到学校的重要议事日程上来。学校领导班子多次研究、制定研究生的发展规划。

1980 年 2 月 25 日，第五届全国人民代表大会常务委员会通过《中华人民共和国学位条例》，它是我国教育史上的一件大事，标志着我国研究生教育已经进入规模发展阶段。

1981 年 11 月 3 日，国务院学位委员会批准大连工学院为首批研究生学位授予单位，批准了 22 个学科、专业的硕士学位授予权，结构工程专业名列其中。

1984 年 1 月 13 日，国务院学位委员会批准了大连工学院第二批 3 个学科、专业的博士学位授予权，结构工程专业名列其中；同时批准了 4 名博士生指导教师，赵国藩教授为其中一位。

1985 年 2 月，赵国藩教授开始招收第一批博士研究生，他们是宋玉普、徐世烺、关立秋和陈廷国。博士毕业若干年后，宋玉普、徐世烺、陈廷国成为教授，关立秋赴美国，后来成为美国得克萨斯州注册的土木和软件工程师。

从 1978 年国家恢复研究生招生制度以来，赵国藩共培养博士研究生 75 名，硕士研究生 87 名，博士后 10 名，访问学者 2 名。毕业的学生中有 2 人获霍英东教育基金会奖，2 人获德国洪堡奖学金，1 人获挪威皇家科学奖学金及长江学者，多人被评为博士生导师。赵国藩指导的研究生不仅数量多，学术水平也很高，在国家的高等教育和工程建设中发挥着重要作用。

作为著名的学者，赵国藩还先后被上海交通大学、浙江大学、武汉大学、东南大学、河海大学等三十余所高等院校聘为兼职教授、顾问或名誉教授。

勤奋严谨　教学相长

赵国藩在漫长的教学和科研生涯中，笃信"学而不思则罔，思而不学则殆"[1]这句格言。他对自己要求严格，对同事热情帮助，对后辈竭诚提携。在教的过程中，也不断汲取新的知识，与研究生共同探讨，注重理论联系实际，师生之间相互切磋，做到教学相长，在培养学生分析问题和解决问题能力的同时，也非常注重学生人格的培养，关心学生的全面发展。他学风正派，勤恳敬业，甘心奉献，为人谦逊，得到众多研究生的爱戴。

赵国藩认为："知识和能力是相辅相成的，知识丰富了有助于能力增长；有了能力又可以扩大自己的知识领域。知识和能力在一定条件下可以互相转化，在转化过程中发挥创造性，而不是只在前人耕耘的土地上徘徊，而要开垦荒地，每迈出一步都是新的。工作之后，在培养研究生和青年教师的过程中，我常常以'要当好先生，必须先当好学生'督促自己不断地学习，提高工作质量，做好教师工作。"[2]

从1978年结构工程专业开始招收硕士研究生起，赵国藩一直担任研究生指导小组组长。他亲自为硕士研究生和青年教师讲授"钢筋混凝土结构"课程。教学中，他认真负责、一丝不苟，课前认真备课，课上耐心讲解，板书清晰，语言精练，条理分明，重点突出，教学效果很好。有一次上课时，他心绞痛犯了，服药后仍忍痛上课，第二堂课又继续讲下去，听课的老师和学生无不为之感动。

谈起为研究生上课的事情，赵国藩的同事吴宗盛说，1980年他曾有幸

图7-1　赵国藩为学生们上课（1985年）

① 孔子所提倡的一种读书及学习方法。
② 大连市关心下一代工作委员会编《科学家寄语下一代》，第4页。

听过一次赵老师为研究生上的课，尽管几十年过去了，至今仍记忆犹新。当时用的教材是新西兰坎特伯雷大学著名学者 R. 帕克和 T. 波利著的英文版《钢筋混凝土结构》。吴宗盛说，这是一本国内外公认的钢筋混凝土结构方面的权威性著作，对各类钢筋混凝土结构构件的受力性能、框架和剪力墙结构的抗震性能作了系统的论述，比较全面地反映了当时世界范围内钢筋混凝土结构理论和试验研究方面的主要研究成果。在此之前，吴宗盛听说这是一部非常好的著作，便托人在香港买了一本。他读了几章后感觉实在读不懂，便将此书丢到了一边。听说赵国藩要为研究生上这门课时，他就去听课。

在科学研究的过程中，赵国藩已经对这部著作进行了认真学习和研读，对这部著作的内容了如指掌，达到了运用自如的程度，再加上他较好的语言组织和表述能力，能够将教材中许多非常艰涩、难懂的术语和概念，用通俗易懂的语言，以比喻的方式形象地表述出来，取得了深入浅出的效果，使学生们在轻松、愉快的学习过程中掌握了这部著作的精髓。吴宗盛说："听了几次赵老师的课后，获益匪浅。一本厚厚的著作不可能在一个学期将全部内容讲完，但他比较清楚地梳理了整个著作的脉络，从而为学生细读整本著作起了提纲挈领的作用。有了这几次听课的基础，我基本上能看懂《钢筋混凝土结构》这本外文著作了。"

赵国藩治学有几个特点：首先是严谨，其次效率高、时间观念强，再就是勤奋、淡泊名利、因人施教，有很强的创新意识和团队合作精神等。几十年来，赵国藩无论在科研还是教学中都十分勤奋刻苦，历来都是以"分"来计算时间的，这一点给他的许多学生和同事都留下了深刻印象。在谈到赵国藩珍惜时间这个话题时，他的学生宋玉普说：

赵老师兼职非常多，业务也很忙，包括编教材、编专著，完成科研业务。实际上那就是挤时间，在赵老师的生活当中没有什么星

图7-2 赵国藩（前排）与学生徐世烺（左一）、李福成（左二）、何立民（左三）和宋玉普（左四）合影（1982年）

期天、节假日，没有什么白天黑夜。包括像我们平时坐汽车、开会，他在开会前，汽车上，都在看书、查资料和修改论文，不浪费一分钟的时间。[1]

赵国藩的学生李云贵谈到赵国藩的勤奋和严谨时说：

赵老师工作勤奋。他每次出差包里都是放几本学生的论文，坐在机场候机厅里修改，赵老师一直是这样的，不浪费一点时间。再一个是治学严谨，像我们学生写完论文，赵老师不仅仅是改学术观点，连标点符号都修改，非常认真，他这种认真的习惯影响着我们学生，我们跟他几年后也就形成这种习惯了。所以后来我们在指导学生时，也就按照这个思路，告诉学生应该做什么，应该写什么，然后再拿过来帮给他改，修改详细到标点符号，并告诉他你哪错了，正确的应该是怎样的，这就是导师言传身教给我们留下的精神财富。[2]

赵国藩的学生李清富说：

赵老师严谨务实，言传身教，对我人生产生了巨大的影响。记得那是1990年6月，我把我的第一篇论文送给赵老师修改。赵老师一

① 宋玉普访谈录，2013年1月10日，大连。资料存于采集工程数据库。
② 李云贵访谈录，2013年1月25日，北京。资料存于采集工程数据库。

字一句地修改，特别认真，对于标点符号、一些细节问题修改得也非常仔细。因为我平时写材料时经常逗号和分号不区分，赵老师都用红笔一一给我改正过来。改过后在外面给我加个引号，引到稿纸的边上，注上"此处用分号可能比用逗号更合适，建议改为分号"。[①]

李清富毕业后到郑州大学任教，是桥梁与结构工程学科学术带头人。1995年，李清富也开始指导研究生了，受赵老师的影响，他对研究生写的一些报告和论文，也是逐字逐句修改，标点符号也不放过。

在谈到赵国藩严谨、细致这个话题时，他的一位学生高丹盈也颇有同感：

赵老师做人一流、做学问一流、做事也是一流。跟着赵老师做几年博士生，赵老师不仅传授给我很多知识，更重要的是使我掌握了科研的方法，提高了我的科研能力。和赵老师在一起多年给我留下的印象很多，也学到很多。我体会最深的一点就是感觉赵老师既认真同时又宽容。[②]

赵国藩对他的研究生既和蔼又严肃。生活中他关心学生、体贴学生，但在学业上是非常严格的。赵国藩的一位学生在硕士研究生阶段，参加高等钢筋混凝土结构课程考试，有一道题做对了，但由于图形画得不好，没有得满分。赵国藩教授对那位学生说："你这道题本来可能得满分，但是图形画得太小了。"那位学生在以后的各科考试中始终保持卷面整洁、书写工整。

陈廷国谈起他跟赵国藩读博士的经历时说：

① 李清富访谈录，2013年6月26日，郑州。资料存于采集工程数据库。
② 高丹盈访谈录，2013年6月26日，郑州。资料存于采集工程数据库。

在我读博士期间，我在赵老师身上不仅学到了知识，更是学会了怎么来做学问。赵老师给我印象很深的就是他治学严谨和对学生的要求。我是一直做计算和计算力学方面的研究，但是赵老师提出来，希望我做一些试验研究，当时我不是很理解，我想我计算已经做得很好了，按照当时的要求已经达到了博士毕业的标准。但赵老师这样要求我，我就这样做了，又补充了试验方面的内容。因此我在博士论文期间包括了计算和试验两大部分的内容。因为做试验，我延期毕业了一年。但现在回过头来看，赵老师对我的要求，对我后面工作的开展是非常有益的，包括我负责土木水利实验教学示范中心实验室的建设。我经常跟我的学生讲赵老师对我的要求，我也希望能像赵老师一样，把我的学生能培养得比较全面。所以只要有条件，我还是希望学生到实验室做点试验，到现场做点实测，我觉得这样对他们将来的发展和工作都是很有意义的。[①]

与陈廷国有相同经历的还有欧阳华江。欧阳华江是 1985 年跟随赵国藩攻读在职博士的，硕士研究生毕业于大连理工大学工程力学系，基础理论非常扎实，有限元分析也非常熟练。一次，他写好一篇论文，赵国藩教授做了认真的修改，但在送出刊登的论文作者署名中，赵国藩教授把自己的名字划

图 7-3　赵国藩（左三）与学生陈廷国（左一）、欧阳华江（左二）和吴智敏（左四）合影（2013 年）

① 陈廷国访谈录，2013 年 1 月 19 日，大连。资料存于采集工程数据库。

掉，对欧阳华江说："这篇论文的题目和思想都是你的，我不能署我的名字。"后来，欧阳华江写好准备答辩的论文，送给赵国藩教授审阅，准备和另外一位学生一起答辩，但赵国藩看后认为理论分析必须要有试验的支持，所以就没有批准欧阳华江的答辩申请。于是，欧阳华江补做了很长时间的试验，在验证了分析的结果后，赵国藩教授才允许他答辩。欧阳华江毕业后学有所成，科研工作非常出色，现为英国利物浦大学教授、副院长，中组部"千人计划"学者。

提到赵国藩治学严谨，赵国藩的博士仲伟秋说：

先生对研究生在学术上要求严格。研究生的学术论文，他除了在前期悉心指导外，投稿前他必须亲自审阅和亲笔批改，这是所有研究生入学时，他明确提出的要求。而且只要论文的主要创新思想是研究生提出的，他一定是让研究生作为第一作者。伴随先生身边十几年，我只有一次看到先生生气，就是因为学术的事。那是他接到了一封来信，是土木工程方面的一本学报的编辑部写来的，大体是说编辑部接到了一篇投稿，第一作者是研究所的一名硕士生，第二作者是先生，编辑部讨论后觉得这篇文章没达到在该期刊发表的水平，来信解释不能发表的原因。先生很生气，这篇文章投稿前确实没经过他审阅，是这名硕士生擅自署了先生的名进行投稿。先生对这名硕士生进行了严厉的批评，并写信给编辑部说明了事情的来龙去脉。这是我第一次也是唯一一次看到先生生气，我深刻体会到了他对学术那种严谨求实的态度。[1]

赵国藩治学严谨、爱护自己的学生，对其他老师的学生也是一样。同一研究所宋玉普老师的博士研究生黄达海，1996 年底参与了赵国藩老师负责的国家"九五"攻关项目"高碾压混凝土拱坝温度应力全过程仿真分析"。现在提起那段与赵老师共同相处的经历，他仍

① 仲伟秋：《怀念恩师赵国藩》，《中国研究生》2017 年第 4 期。

感慨万千。黄达海说：

该项目依托对象是我国当时拟建的 136m 高沙牌碾压混凝土拱坝，意义非常重大，这正好也是我博士研究的方向，所以这个项目交给我做，我感到非常荣幸和幸运。由于我以往侧重于试验研究，有关有限元分析方面的知识甚少；而另一个研究团队也同我们背靠背地进行仿真研究，以对比双方的仿真结果。该团队在混凝土拱坝温度应力全过程仿真方面基础雄厚，力量强大，这让赵老师和宋老师感到压力很大。所以，赵老师对此项目格外重视，不仅从诸多方面对我进行指导，还从研究条件上向我倾斜，包括帮我配置当时最先进的计算机，配置力学基础好的指导老师，配置软件操作十分娴熟的助手，调研费用全部报销等。[①]

等到 1998 年春天，初步的仿真计算结果刚刚出来，我还没来得及向赵老师和宋老师进行汇报，更没有时间对项目研究报告做仔细的整理和校核，设计单位成都勘测设计研究院的三位专家就来学校检查我们项目的进展情况，我只好硬着头皮代表赵老师和宋老师进行了汇报。赵老师与宋老师和专家们一起仔细地听取了我建立仿真模型的方法，参数的选择，计算工况安排，以及结果的解释等。由于准备仓促，初步报告中的问题很多，有些地方还存在前后矛盾，这令赵老师心情沉重。但是，赵老师非常克制，并没有打断我，而是继续耐心地听完了我的汇报，之后才十分谦虚地对专家们作了解释："我们的仿真分析结果不是很好，有些结论还需要斟酌和推敲"，尤其是在混凝土徐变对混凝土应力的影响上，赵老师说："数值计算与概念上判断差距很大，还需要进一步澄清真伪。"这令我很不好受，觉得自己的工作没有做好，似乎遭到了全盘否定，情绪也十分低落。

赵老师似乎早已看穿我的心思。在送走了设计院的专家之后，专

① 黄达海邮件，2014 年 4 月 8 日。

门跟我谈心。很多嘘寒问暖的关心话我现在已经记不太清楚了，但他老人家一句"没有经过反复室内试验检验或者至少一次工程实践证明的数值分析成果，永远只是一个待定的结果"令我终身不忘。是啊，单单从计算数据得出结论，尤其是利用自己研发的软件得出结论，而没有经过试验或其他方法和软件的对比验证，的确存在很大风险。使我感到意外的是，赵老师并没有因为我没有把项目做好而责备我，他全部承担了仿真结果不好的责任，让我放下包袱，继续把研究工作进行下去。我想只有大学问家才有这样的胸怀吧。

如今，我离开大连理工大学快 15 年了，依然以结构数值分析作为主要的研究手段。每每想起赵老师的这句教诲，我始终不敢把数值分析成果的结论说得太圆满；赵老师的这句教诲，也成了我审阅其他数值分析结果的一把尺子。对我们这些从事工程科学研究的人来说，真是"理论—试验—分析"每一个环节都不能少啊！我从心底感谢赵国藩老师！

随着研究生越来越多，赵国藩的科研团队不断壮大，研究方向也不断拓宽；在保持原有研究方向的同时，他与研究团队的成员和研究生不断开拓新的研究方向。在研究的过程中，赵国藩常常鼓励他的学生放手工作，从不限制学生的思路，培养学生们独立阅读文献、独立思考和独立研究的能力，倡导研究兴趣与研究课题的结合，充分发挥学生的创造力；另一方面，他经常了解学生研究工作的进展情况，经常与学生交谈和讨论，在相互切磋的过程中迸发出创新的火花。

可靠度一直是赵国藩研究的一个重要方向，20 世纪中期的研究工作基本上是由他独立完成的，随着研究的不断深入，他后来开始培养这方面的研究生，李云贵是可靠度方向上赵国藩培养的第一位博士生，以后又有很多研究生继续从事这一方面的研究。对于赵国藩严师和名师的风采，李云贵体会很深：

他对研究方向的把握和教育方式都很好。我们选题查些资料后有了一些想法，就跟赵老师汇报，他会放手让你做自己感兴趣的研究，让你深入下去，让你先走一步，然后他再进行分析，进行指导或者纠正，这种方式特别能锻炼学生。赵老师一般会给学生一个很宽松的研究环境，使学生自己的研究兴趣与导师指引的方向很好地融合，这对发挥一个学生的创造力是非常重要的。所以说做赵老师的学生是很有福气的事情。①

徐世烺在谈到他读博士的经历时说：

赵老师的创新意识是很强的，赵老师曾说过，"钢筋混凝土结构要创新，要结合工程需要，看还有哪些问题需解决，是否解决得彻底。你可以修改别人的公式，也可以在别人没有做到的领域开展工作，这都是创新性"。从我们学生和后辈的角度来讲，受益最大不单单是具体的论文指导，而是研究方法、研究方向的引导及宏观的指导。

郑建军是赵国藩 1992 年指导的博士后。在谈到他跟赵老师做研究的体会时讲道：

赵老师跟我谈得比较多的是纤维混凝土和可靠度。当时纤维混凝土我还懂一点，可靠度还处于刚刚学习阶段，好多东西对我来说还一知半解。他对问题的看法还是比较深刻的。做可靠度研究，虽然是理论工作，但是赵老师很重视应用。因为研究的目的除了理论意义之外，很重要的是解决实际问题。比如他写有关大坝、水利工程的研究报告很多，我看后感触非常深。另一方面，他做了很多试验，数据非常多，表明他的研究非常充分，拿事实说话，这对我后来工作的影响

① 李云贵访谈录，2013 年 1 月 25 日，北京。资料存于采集工程数据库。

非常大。①

　　赵国藩爱护学生，学术民主，为人谦逊，胸怀宽广。他总是以普通一员的姿态与同事、学生相处，尊重他人的劳动。面对社会给予的各种赞扬和荣誉，他强调集体的力量和大家的团结协作。在回顾以往的科研历程时，他深情地说：

　　在课题研究的十多年中，前前后后有一百多位硕士和博士研究生，以及研究室的老师和技术人员，共同努力奋斗，以集体的力量，向国家汇报研究成果。特别是博士研究生，在他们学习并参加国家课题，撰写学位论文过程中，师生相互切磋，教学相长，促进了我的业务学习，集体的帮助，永不能忘。②

作育英才　科研有成

　　在赵国藩家中，有一个刻有"作育英才，科研有成"的纪念品，它是香港土木工程学会结构分会赠送的。这个纪念品不仅表达了香港学者对赵国藩教授在科学研究方面取得的巨大成就的认可，也肯定了赵国藩教授在高级研究人才培养方面的巨大贡献。

　　黄承逵是赵国藩培养的第一届硕士研究生，毕业后留校工作，从事纤维混凝土、钢筋混凝土延性与抗震等方面的研究。黄承逵 20 世纪 60 年代毕业于清华大学水利工程系，清华大学有一个口号是要成为"红色

---

① 郑建军访谈录，2013 年 6 月 8 日，杭州。资料存于采集工程数据库。
② 大连市关心下一代工作委员会编《科学家寄语下一代》，第 4 页。

图 7-4 香港土木工程学会结构分会赠送
赵国藩的纪念品

工程师的摇篮",正是在这个口号的激励下,他立志"成为一名工程师,学好本领报效祖国"。"十年浩劫"后,黄承逵考取研究生,成为赵国藩的门生和后来工作的助手。

对于教书育人的经历,黄承逵曾以非常感激的口吻说:"我是师从赵国藩老师开始指导研究生的。"1986年,赵国藩引导黄承逵进入纤维混凝土的研究领域,并将他的一名硕士生让黄承逵协助指导,做纤维混凝土方面的研究。1987年赵国藩将他开创的一门硕士生专业课"钢筋混凝土结构的延性与抗震",转交给黄承逵讲授。从此,他开始了培养研究生的生涯。黄承逵共培养了博士生30人(其中包括协助赵国藩指导8人),硕士生60多人。

几十年来,黄承逵与赵国藩共同协作,努力工作,取得了丰硕的研究成果:主持或参与6项国家攻关课题、8项科学基金项目、10余项省部委项目,主编、参编7本工程建设领域的标准、规范,获省部级科技进步奖9项,其中一等奖1项、二等奖5项、三等奖3项,2010年作为第二完成人主持的项目"钢纤维混凝土结构计算理论和关键技术的研究与应用"获国家科技进步奖二等奖。

宋玉普是赵国藩培养的第一批博士研究生。毕业后留校工作,从事混凝土强度理论、钢筋混凝土有限元分析和混凝土耐久性等方面的研究。

当谈到赵国藩对他的培养时,他说:

赵老师给我印象最深的就是在科研上一丝不苟,非常严谨。例如考试,你全答对了也不给满分,必须字迹工整、卷面整洁。对待日常工作，赵老师也是如此，记得一次我们去汇报攻关课题成果，他将汇报报告的每个字都认真看一遍，发现问题，马上要求你去改正。这种严谨治学的态度对我影响很大。[①]

在赵国藩的影响下，宋玉普刻苦钻研，努力工作，不断进取，很快便在教学和科研方面取得了长足的进步。他先后被评为大连理工大学讲师、副教授、教授。1993年被国务院学位委员会评为博士生导师，是结构工程学科知名的学术带头人。1993—1995年他先后被评为大连市优秀教师、国务院政府特殊津贴享受者、全国教育系统劳动模范、大连市优秀专家。他还曾担任大连理工大学土木建筑学院党委书记、结构工程学科博士点点长。退休时，宋玉普也已经成为桃李满天下的研究生导师了，他共培养毕业硕士研究生41人，博士研究生44人。

徐世烺也是赵国藩培养的第一批博士研究生。谈到老师对他的培养时，他说：

我的研究方向是赵老师帮我确定的。断裂力学这个方向难度比较大。当时我自己读文献，看到国外有人将断裂力学应用在混凝土结构中，国内有人开始翻译相关论文了。我觉得这可能是新研究方向，我跟赵老师说我想研究混凝土断裂力学。赵老师说好啊，这个方向好。在赵老师的鼓励下，我就开始做了，一做就是30年。目前，这个理论已经成型了，系统建立起来了，国际上也非常认可，国内编制了规程，好多大坝也开始用了。通过研究方向的选定，可以看出赵老师的创新意识非常强，他始终站在学科最前沿。[②]

1990年徐世烺教授获第二届霍英东教育基金会高校青年教师奖

① 宋玉普访谈录，2013年1月10日，大连。资料存于采集工程数据库。
② 徐世烺访谈录，2013年6月28日，杭州。资料存于采集工程数据库。

（研究类），1991 年国家教委和国务院学位委员会授予他"有突出贡献的中国博士学位获得者"荣誉称号，1992 年获德国洪堡基金会研究奖励基金，1996 年获国家杰出青年科学基金，2000 年被教育部聘为长江学者特聘教授，曾担任浙江大学建筑工程学院院长。现为美国土木工程师协会会员、美国混凝土协会会员。他曾先后主持和完成了多项国家重点科技攻关项目，研究成果获得了德国、美国、英国、西班牙等国际著名学术权威的高度评价，是混凝土断裂力学研究领域的国际知名学者。获原国家教委科技进步奖二等奖 2 项，原能源部科技进步一等奖 1 项，国家科技进步奖二等奖和三等奖各 1 项，国家自然科学奖二等奖 1 项。

陈廷国博士毕业后留校，一直在大连理工大学从事教学科研工作。曾担任土木建筑学院副院长、学校教务处处长、土木水利国家级实验教学示范中心主任等，在实验室建设和人才培养方面作了很多贡献，曾两次获国家教学成果二等奖、7 项辽宁省教学成果奖、3 项省部级以上科技奖励，是全国师德标兵、辽宁省优秀教师、辽宁省教学名师等荣誉称号和国家"万人计划"教学名师称号获得者。

在赵国藩的指导下，金伟良 1989 年获得大连理工大学结构工程博士学位。1991 年获德国洪堡（Alexander von Humboldt）基金会资助，在德国斯图加特大学进行博士后研究工作；1994 年获挪威国家研究委员会资助，在挪威科技大学（NTH）从事海洋结构可靠度方面的研究。现在是浙江大学教授，浙江大学结构工程研究所所长，博士生导师，注册土木工程师，曾担任浙江大学土木工程学系副系主任，浙江大学建筑工程学院副院长和浙江大学宁波理工学院院长。2003 年 8 月兼任新加坡南洋理工大学 OAP 基金会客座教授，2008 年 11 月兼任英国女皇大学荣誉教授。从 1992 年开始从事工程结构可靠性理论和应用等方面的研究，先后承担了国家自然科学基金、国家 863 计划、国家科技支撑项目等 50 余项科研项目，在国内外学术期刊发表论文 300 余篇，出版混凝土结构耐久性学术专著丛书一套（10 本），其他学术专著 3 本。在混凝土结构耐久性研究方面学术造诣深厚，理论联系实际，成果显著，在国内外学术界具有很高的声誉，获得国家科技进步奖二等奖3项（其中第一完成人1项），主持的项目获得浙江省科技奖一等和二等奖4项，教育部科技进步奖二等奖2项。

高丹盈博士毕业后到郑州大学工作，后担任副校长；现任河南工程学院院长、教授、博士生导

图7-5　赵国藩（中间）与学生高丹盈（左一）、吴智敏（右一）合影（2012年）

师，是结构工程学科学术带头人。曾获河南省十大青年科技新闻人物（2000）、政府特殊津贴（1999）等，在国内外正式发行的学术刊物和会议论文集发表论文70多篇；主持完成的9项科研成果通过省部级鉴定，其中一项成果获得国家科技进步奖二等奖，4项成果分别获得省部级科技进步奖二等奖，3项成果分别获得省部级科技进步奖三等奖。

李云贵1993年博士毕业，之后在大连理工大学做博士后研究，出站后到中国建筑科学研究院从事软件开发工作。他没有辜负赵老师的教导和期望，将在学校学到的专业知识和赵老师的学术思想运用到土木工程信息技术应用、计算机辅助设计中，在高层建筑结构分析与设计计算、工程结构可靠度等理论研究及应用软件开发方面，取得了重要成果，开发了具有完全自主知识产权的建筑结构CAD[①]软件，是我国建筑结构CAD领域的主要开拓者之一。负责开发的"高层建筑结构空间有限元分析与设计软件（SATWE）"整体达到了国际领先水平，于1999年获国家科技进步奖二等奖。该软件成为全国建筑结构设计人员必备软

---

① CAD，计算机辅助设计（Computer Aided Design）的简称。

图7-6　赵国藩（左）与学生李云贵合影

件，并已推广到新加坡、越南等东南亚国家及我国香港、台湾地区。

此外，李云贵博士在国内率先开始 BIM[①] 技术研究工作，是最早将 BIM 技术引进到我国，并开展重大课题研究、国标编制、商品软件开发，以及在大型企业推广 BIM 应用的组织实施者，在行业 BIM 发展与应用中处于领先和主导地位。共获国家科技进步奖二等奖4项，省部级科技进步奖一等奖6项，编著学术著作6部，发表论文170余篇，1997年入选国家百千万人才工程（第一二层次），1998年获政府特殊津贴。2012年李云贵博士从中国建筑科学研究院常务副总工程师任上调到中国建筑工程总公司工作，现任中国建筑工程总公司首席专家、技术中心副主任。

郑建军现任浙江工业大学建工学院教授、博士生导师，纤维混凝土专业委员会委员，英国邓迪（Dundee）大学荣誉教授，浙江大学、大连理工大学和温州大学兼职教授；2014年至2016年连续三年入选爱思唯尔"中国高被引学者榜单"，我国知名的混凝土细观结构与细观力学专家。主持1项国家973子课题、2项国际合作项目、6项国家自然科学基金和4项教育部和铁道部基金；获10项国家专利；出版英文专著1部、中文专著2部；在国内外刊物和会议上发表论文250余篇，被SCI收录80余篇、EI收录120余篇、ISTP收录30余篇，其中40余篇发表在土木工程领域的国际顶尖刊物上。

① BIM，建筑信息模型（Building Information Modeling）的简称，是建筑学、工程学及土木工程的新工具。

张爱林 1995—1996 年跟随赵国藩从事博士后研究，出站后他到北京工业大学建筑工程学院工作，历任副教授、教授、博士生导师、副院长、"211 工程"办公室主任、校长助理兼发展规划处处长、副校长、校学术委员会常务副主任。张爱林说：

图 7-7　赵国藩（中）和夫人（右）与学生张爱林合影（2005 年）

从基础研究到实用方法，再到服务工程应用和国家重大需求，赵老师为我们树立了榜样，我后来也是按照他的这种思路和方向在搞科研，也在教育和影响着我的学生。[①]

张爱林在结构可靠性评定与优化设计理论和方法、新型大跨度预应力钢结构体系创新、工业化装配式钢结构体系创新以及重大工程应用方面取得了突出研究成果，他研发并建成了世界上第一个新型大跨度预应力弦支穹顶钢结构，科研成果成功应用于 2008 年北京奥运会羽毛球比赛馆等多项重大工程中。他先后获得中国钢结构协会科学技术奖特等奖、中国土木工程詹天佑奖、华夏科技进步奖一等奖、2015年国家科技进步奖二等奖等。他主编了我国首部《预应力钢结构技术规程》、湖南省地方标准《装配式斜支撑节点钢框架结构技术规程》，参编了国家标准《钢结构设计规范》等，以第一作者发表学术论文150 余篇、获得授权发明专利 70 余项。已培养博士、硕士 70 名。张爱林现任北京建筑大学校长，兼任中国钢结构协会副会长、中国城市

① 张爱林访谈录，2019 年 6 月 9 日，北京。

科学研究会副理事长、中国高等教育学会常务理事、教育部高等学校实验室建设指导委员会副主任、香港和澳门金属结构协会顾问等。

卢亦焱也曾在赵国藩的团队中做博士后研究。出站回到武汉大学后，卢亦焱在各方面均取出了出色的成就。现任武汉大学"珞珈学者"特聘教授，二级教授，博士生导师，武大巨成结构股份有限公司执行董事，武汉大学土木工程一级学科博士点学科带头人，兼任岩土与结构工程安全湖北省重点实验室主任，建筑物检测与加固教育部工程研究中心主任，全国标准化协会建筑物鉴定与加固标准技术委员会委员，中国土木工程学会纤维混凝土专业委员会委员，中国土木工程学会纤维复合材料（FRP）加固专业委员会委员，湖北省土木建筑学会加固专业委员会副主任等。主持国家自然科学基金、湖北省技术创新重大项目、中国博士点科学基金（博导类）、湖北省青年杰出人才基金、湖北省重点科技攻关项目等20多项。他在工程结构加固、高性能土木工程材料与结构新体系、钢—混凝土组合结构基本理论及应用等方面开展了系统、具有创新性的研究。获国家科技进步奖二等奖1项、教育部科技进步奖一等奖1项、湖北省科技进步奖一等奖2项、二等奖2项。在国内外核心刊物发表论文180多篇，被SCI/EI检索收录100余篇，出版教材、著作共4部。获国家专利20余项，主编或参编行业规范或规程10余部。已指导出站博士后4人，毕业博士研究生20余人，毕业硕士研究生60余人。

在谈到赵国藩老师对他的培养时，他说：

当时工程结构加固研究在国内刚刚起步，我也是刚刚进入这个领域。我跟赵老师讨论课题时，提到想在这个方向开展博士后研究。先生充分肯定了这个研究方向，并给予我大力支持和热心指导。先生说，建筑物的加固改造是我国土木工程领域未来的一个重要方向，涉及工程结构的可靠性鉴定评估、加固材料力学性能、加固新技术开发及加固设计理论研究等，是一个复杂的复合系统，并建议我开展多学科交叉研究，鼓励我一定要坚持走"学研产"相结合的道路，积极推进科技成果转化。赵老师醍醐灌顶的谈话，使我终身受益。我作为主要发起人创办了国家高新技术企业武大巨成结构股份有限公司，推进科技成果转化和产学研结合，促进高新技术产业化，从事建筑物加

图 7-8　赵国藩（左二）和夫人（左三）与学生卢亦焱（左一）等交谈（2012 年）

固改造技术、加固材料及产品等的研究开发及工程应用。公司经过十多年的发展，已在全国同行业中具有很好的影响。

赵老师不但在学业上对所有的学生给予热心指导，更是为学生在各自岗位上做出的成绩而高兴和自豪，给予及时鼓励和支持。记得2011 年春节前，我回到大连，与吴智敏师兄一起看望先生，他听说我们两人刚分别作为第一、第二完成人，获一项湖北省科技进步奖一等奖时，甚是高兴，连说"不容易，不容易，今晚不能走，要留下来吃饭，一起祝贺祝贺"，让我们俩倍感亲切。[①]

吴智敏，曾担任大连建设工程学部副部长、结构工程研究所所长，兼任中国水利学会岩石、混凝土断裂力学委员会副主任委员。主要研究方向为混凝土断裂力学及其工程应用、混凝土结构耐久性、混凝土结构加固理论及其应用、大型土木水利工程结构分析。科研成果多次获得国家和省部级奖励，在国内外高水平学术期刊发表论文百余篇。

王恒栋，1996 年博士毕业后一直在上海市政工程设计研究总院

---

① 卢亦焱访谈录，2017 年 9 月，武汉。

（集团）有限公司工作，目前担任总院副总工程师兼任总工办主任，教授级高级工程师，同济大学兼职教授。兼任住房和城乡建设部科学技术委员会市政交通专业委员会副主任委员，上海城市地下综合管廊工程技术研究中心主任、中国工程建设标准化协会城市地下综合管廊工作委员会主任委员，中国岩石力学与工程学会地下空间分会副理事长、中国勘察设计协会结构设计分会常务理事。在工程结构理论分析、结构体系可靠度、结构耐久性安全性使用评价、城市地下空间综合开发利用等领域，取得了一系列研究成果。先后获得省、部、国家科技进步奖 9 项。主持完成的重大工程设计获詹天佑奖 2 项、国家优秀工程设计奖 3 项；主持国家重点研发课题 2 项。发表 30 余篇学术论文，主持编写国家标准 2 部、国家行业标准 2 部、地方标准 3 部，标准化协会标准 1 部。获得发明专利 5 项、实用新型专利 39 项，出版专著 4 部。先后获上海市新长征突击手、世博会重大工程建设建功立业劳动竞赛"百家建设者"、上海市五一劳动奖章、上海市优秀技术带头人、上海市领军人才、上海工匠、全国五一劳动奖章光荣称号，并入选国家百千万人才计划，享受国务院政府特殊津贴。

姚继涛，1996 年博士毕业后回到西安建筑科技大学工作，现任西安建筑科技大学华清学院院长。姚继涛毕业后一直从事结构可靠性的研究，先后主持和承担国家级科研项目 12 项，省部级项目 2 项，参加国家标准《工程结构可靠性设计统一标准》《工业建筑可靠性鉴定标准》《既有建筑维护与改造技术规范》《火灾后建筑结构可靠性鉴定标准》以及行业标准《混凝土结构耐久性评定标准》的编制工作，在结构可靠性基本理论、结构可靠性设计、既有结构可靠性评定、建筑物加固与改造、结构性能试验检验等方面取得丰硕成果，发表学术论文 120 余篇，出版《建筑物可靠性鉴定和加固——基本原理和方法》《既有结构可靠性理论及应用》《基于不确定性推理的既有结构可靠性评定》和《结构可靠性分析与控制》等学术专著 4 部，获得国家级科技进步奖二等奖 1 项，省部级科技进步奖一等奖 1 项、二等奖 4

项。在教学工作中，出版教材 2 部，担任国家级教学团队负责人，先后获得宝钢优秀教师奖、陕西省教学名师奖和师德标兵、育人楷模、教育先进工作者等称号，获得国家优秀教学成果二等奖 2 项，陕西省优秀教学成果特等奖 1 项、二等奖 1 项、一等奖 2 项。兼任中国土木工程学会工程结构可靠度委员会委员、全国建筑物鉴定与加固标准技术委员会委员、全国建筑物鉴定与加固标准技术委员会陕西分会副主任委员和陕西省工程建设标准专家委员会委员。

　　贾金青博士毕业后留校工作，教授，博士生导师，主要从事结构工程、岩土工程及工程新材料的研究和开发应用。负责国家重点研发计划、国家 863 计划、国家自然科学基金及科研项目十几项，主持设计了百余项大型桥梁、高层建筑、深基坑及高边坡工程，解决了大量工程中的疑难复杂技术问题。在超高层建筑钢骨高强混凝土结构体系抗震关键技术及其应用的研究中处于国内外前沿水平，取得了多项重大创新和技术突破；首创并提出了深基坑预应力锚杆柔性支护理论与方法，获得系列发明专利；建立了一套完整的设计计算方法，并应用于工程中；研发了超早强新材料，该超早强新材料掺入普通混凝土中 1 天的强度比达到366%，比国家标准提高三倍。此技术广泛用于铁路、公路、机场、港口及民用建筑中，产生了巨大的经济效益和社会效益。获国家科技进步奖二等奖 1 项（第一完成人），省部级科技进步奖一等奖 3 项（均为第一完成人）；在国内外核心期刊发表论文 230 余篇；出版 8 部学术专著；获得了 47 项国家专利授权；软件著作权 10 项；主编及参编 13 部国家规范、行业标准；获得中国建筑学会"当代中国杰出工程师"荣誉称号。任中国岩石力学与工程学会技术咨询专业委员会副主任委员及中国施工企业协会岩土锚固工程学会常务理事等职务。

　　朱尔玉博士毕业后到北方交通大学（现为北京交通大学）桥梁与隧道工程博士后工作站做博士后，出站后留在该校从事教学科研工作，现任北京交通大学跨座式单轨交通研发中心主任，国家重点学科桥梁与隧道工程专业教授，国际单轨协会（IMA）执行委员。目前

图7-9　赵国藩获辽宁省功勋教师证书
（1999 年）

主要从事跨座式单轨、悬挂式单轨、磁浮交通等交通行业领域的研究。已培养博士研究生和硕士研究生超过百人；发表学术论文160 余篇，主编或参编学术著作或规范18 本，主持国家自然科学基金重大科研仪器研制项目等科研项目超过百项，主持的科研经费总额超过 3000 万元；获得省部级科技进步奖特等奖 1 项、一等奖 1 项、二等奖 3 项、三等奖 3 项，已申报以单轨交通等为主的专利 200 多项。研究成果广泛应用于重庆跨座式单轨交通、韩国大邱单轨等工程中。成功组织召开了 2017 国际单轨第九届年会，为中国单轨交通的发展作出了贡献。

　　赵国藩指导的硕士、博士和博士后很多，他们遍布全国各地，在不同的工作岗位上都取得了骄人的成绩，上面提到的只是其中比较典型的几位。为了表彰赵国藩教授治学严谨、辛勤育人的卓越功绩，大连工学院在 1980 年为赵国藩教授颁发了"从事教育工作 30 年荣誉证书"；1996 年大连理工大学首次评议表彰研究生导师时，他被授予"优秀研究生指导教师"；1999 年在他 75 岁高龄时被辽宁省政府授予"辽宁省功勋教师"称号。

提携后人　不拘一格降人才

　　赵国藩不仅是一位成就突出的科技工作者，也是一位忠诚于党的教育事业的优秀教育工作者。他非常注重提携年轻人和周围的同事，给他们创造良好的发展空间；他也重视发现人才，培养人才，做寻找千里马的伯乐。

中国工程院院士、清华大学教授聂建国在谈到赵国藩如何关心后人成长时说：

赵老师非常难能可贵的一点就是关心晚辈、提携晚辈，这一点给我留下非常深刻的印象。记得在 2000 年的一次学术会议上，他见到我说，你的组合结构做得不错，应该好好积累；接着，他又详细、具体地告诉我如何积累。另外，他对自己的学生也非常关心，经常推荐他们到我们学校做博士后。有一次，他又推荐他的学生到我们学校做博士后，当时我们学校已经没有名额了，他立刻说，请你帮忙一定推荐到别的学校或研究所。2003 年，我们再次一起开会时，他建议我申报中国工程院院士，并早做准备工作，并一再强调，要出版几本高水平的专著。我当时听到这些话后，非常受感动，因为我不是他的直接学生，他如此关心我，实在是让我难以忘怀。赵老师不遗余力地照顾、提携年轻人，非常令我们敬佩，我觉得我们这一代年轻人，应该好好向赵老师学习。[1]

王清湘是 1964 年考入大连工学院水利系的，入学两年便赶上"十年动乱"，工宣队进校，学校停课，1969 年毕业时基础课还没有学完。他毕业后留在了学校，从 1970 年起他开始与赵国藩共事，一直在赵国藩的科研团队中工作。1997 年 4—10 月，1998 年 4—7 月在香港大学做高级访问学者，曾担任结构工程研究所所长。

谈起赵国藩对他的培养，王清湘满怀深情地说：

---

[1] 聂建国访谈录，2013 年 1 月 24 日，北京。资料存于采集工程数据库。

赵老师身边有许多年轻的硕士生、博士生和博士后，我只是一个普通的本科毕业生。为了培养我，许多会议和项目赵老师都点名让我参加。项目如何做，如何争取项目，都是赵老师手把手地教出来的。另外赵老师承接的科研任务也让我去做，同时对我要求也很严格，说实话，我有时候不是那么能听进去别人的意见，但赵老师从来不跟我发火，给我慢慢思考的时间。20世纪70年代，交通部开始修订港口工程混凝土设计规范，赵老师是技术顾问。在他的推荐下，我参加了规范编制工作，我是最年轻的，当时才是助教，其他成员都是颇有名望的专家和教授，在整个规范的编制过程中，我从赵老师身上感悟到一个老专家对事业的无比热爱和对工作的极端负责。在赵老师的精心指导和关怀下，我于1988年破格提拔为副教授，土木系就我一个。1994年我又晋升为教授，1998年遴选为博士生导师。从我的学术成长历程来看，如果没有赵老师的培养就没有我的今天。[1]

金伟良在谈到对"一日为师，终身为父"的理解时颇有感触地说，"我们把这句话用在赵老师身上是最贴切不过的了"：

赵老师非常注重提携后人，尤其是提携晚辈。他经常鼓励我们这些学生或后辈积极参与学术活动，关注学科发展动态。20世纪90年代日本的一些学者组织编写一本亚洲混凝土模式规范，赵老师是这本规范的中国代表之一。后来由于年龄关系，他不再做这方面的工作了，但他推荐我参与亚洲模式规范的编写中。我跟日本及其他国家（包括德国）的专家合作，承担了许多国际合作项目，共同研究混凝土结构设计理论。如果没有赵老师的推荐，我就没有机会进入模式规范的编写和研究之中。在我当年从欧洲回国后，赵老师积极鼓励我参与各种学会和学术团体，因为我在欧洲时做结构可靠度的研究，

[1] 王清湘访谈录，2013年1月19日，大连。资料存于采集工程数据库。

图 7-10　赵国藩（左）与学生金伟良在浙江大学合影（1996 年）

赵老师就推荐我为土木工程学会下属工程结构可靠度专业委员会的委员。[1]

徐世烺在谈到他当年申报国家杰出科学青年基金和长江学者特聘教授时说，赵老师非常支持，非常高兴，他总希望他的学生和后辈们能够取得好的学术成绩，能够青出于蓝而胜于蓝。

赵国藩不受条条框框限制，识才爱才，育才用才，打破常规，甘做伯乐。说起这些，更有一段在当时看颇有传奇色彩的故事。

贡金鑫于 1986 年 7 月本科毕业于西安公路学院（现长安大学），专业是工业与民用建筑。毕业后，由于多种原因，他没报考硕士研究

① 金伟良访谈录，2013 年 6 月 27 日，宁波。资料存于采集工程数据库。

图 7-11　赵国藩（左）与学生贡金鑫合影
（1990 年）

生，但他一直坚持着做自己想做的事情，常常将自己的认识和体会写成文章发表。在读博之前，贡金鑫先后出版了 6 本钢纤维混凝土译文集，发表了多篇钢纤维混凝土和结构可靠度方面的论文。对于他的这些论文，赵国藩读后，非常喜欢也很欣赏，并留下了深刻的印象。

　　赵国藩认为，这个年轻人有培养前途，也是他的研究团队非常需要的人。他深知人才的重要性，从不拘一格降人才的角度考虑，决定将他特招为博士研究生。

　　从本科生直接攻读博士学位，在当时还是有一定难度的。赵国藩为此多次到研究生院，说明招收贡金鑫做博士研究生的理由，提供贡金鑫的科研成果和各种材料，以及招收他对研究团队建设的重要性。在赵国藩的努力下，1996 年贡金鑫通过考试、跨越硕士研究生学历，被正式录取为大连理工大学土木系博士研究生。经过 3 年刻苦的学习，1999 年贡金鑫博士研究生毕业，之后又在大连理工大学工程力学系从事博士后研究，出站后留在大连理工大学结构工程研究所任教，从事科研教学工作。

　　贡金鑫不负恩师赵国藩的栽培，目前已经成为大连理工大学结构工程研究所的教授、学术带头人。他继承和发展了赵国藩教授开创的工程结构可靠度研究方向。在理论研究方面，提出的多种可靠度计算方法在国内外具有很大的影响；在应用研究方面，先后参加 23 本标准、规范的编写和修订，涉及建筑、港口、桥梁、水工、电力、电网、风电及核电设施等工程领域，使大连理工大学的可靠度研究在国内保持领先地位，在国际上保持先进水平；在我国建筑结构设计可靠度水平的调整，核电站、高铁桥梁安全水平的论证，风电塔安全水平分析方面都有他的贡献。除结构可靠度理论和应用研究外，贡金鑫教授也在不断开拓新的研究方向，在混凝土结构抗震、混凝土耐久性等方面不断取得成果。承担国家自然科学基金、863、973 基础研究、科技支撑计划、交通运输部西部项目等各种科研课题 50 余项，获国家科技进步奖二等奖 1 项，省部级科技进步奖一等奖 5 项、二等奖 4 项，多项研究成果被设计规范采用；发表论文 250 余篇，任《建筑结构学报》《水利水运工程学报》《海洋工程》等 8 个学术期刊的编委。编写著作 8 部，其中《中美欧混凝土结构设计》一书倍受工程设计人员欢迎，成为国内建筑、港口、桥梁、水利、核电等行业从事国外工程设计的重要参考资料；《工程结构可靠性设计原理》成为土木工程专业的经典研究生教材；《现代钢筋混凝土结构基本理论与应用》也被多个大学作为研究生教材使用。任中国工程建设标准化协会设计基础委员会副主任委员、中国土木工程学会预应力混凝土分会常务理事、中国公路学会桥梁和结构工程分会理事、中国土木工程学会港口工程分会理事、中国核工业勘察设计协会核工业结构专业委员会委员等 11 个学术委员会的职务，《中国大百科全书》（第三版）土木工程学科土木工程结构设计理论与方法分支副主编。目前已指导毕业硕士研究生 60 余人，毕业博士研究生 20 余人。

言传身教　爱生如子

在学校里，老师是学生最亲近、最尊重也是接触最多的人，学生具有自然的"向师性"。赵国藩在学生眼里是一位极具魅力和吸引力的老师，他不但传道、授业、解惑，还关心着每一位学生的身心健康、品德修养和日常生活。

谈到赵国藩对自己的照顾时,李云贵说,我们在校时赵老师关照我们,离开学校他牵挂着我们。李云贵曾深情地说:

赵老师既是我们学生的导师,又是我们学生的慈父。平常我们做课题,他都能给我们一点补助。那时候课题的费用不多,研究生的助学金很少,虽然是一点补助,但对我们学生的生活而言是解决了很大问题。所以学生对赵老师都有那种老父亲的感觉。还有呢,就是赵老师很少发脾气。我们在一起谈学术,有时候聊聊天,非常好,非常有亲和力。学生很愿意与赵老师交流,因为有时候学的东西不仅仅是在课本上、课堂上,有时候是老师的思维方式、做事风格和作风。所以我们这些跟随赵老师读研究生的师兄、师弟做事的风格和工作的方式,都有赵老师的影子,包括工作以后,他们很多都跟赵老师保持密切联系。[1]

高丹盈攻读博士期间对赵国藩的印象是,他是一位宽容、和蔼、慈祥的长者,又是一位治学严谨的学者。高丹盈毕业后到郑州大学工作。在接受访谈时,高丹盈深情地回忆说:

这些年我在郑州大学的科学研究和科研管理取得的成绩,首先归功于赵老师的热情帮助和亲切教诲。我跟着赵老师多年,不仅是在读博士期间,或者是我毕业工作后,赵老师给我留下的印象很深,对我的关心帮助很多,其中有两点对我影响特别大:第一点是赵老师教导我做事要认真,同时又要宽厚包容;第二点是赵老师教导我做事要严格,同时也要学会体贴别人。这些年在郑州大学的工作中,当我遇到困难的时候,经常想起赵老师,想想赵老师对我的教诲,也正是这

① 李云贵访谈录,2013年1月25日,北京。资料存于采集工程数据库。

样，我才很顺利地在科学研究方面取得一些成绩，在管理方面为郑州大学的发展贡献我的力量。[①]

学生的困难就是自己的困难，赵国藩总是像对待自己的子女一样对待他的学生，尽心尽力解决他们的困难。陈廷国 1984 年 11 月硕士毕业后留校工作，并继续攻读博士学位，他有一个很大的后顾之忧，就是女朋友在外地工作。赵国藩获悉此事后，于当年 12 月帮助陈廷国将他的女朋友调入大连理工大学工作。1985 年年初，陈廷国结婚了，两个人都在学校工作，解决了两地生活问题，生活、工作上两人能相互照顾、相互支持。后顾之忧解除后，陈廷国就安下心来攻读博士学位。

博士生曲福进读博期间也在夫妻分居问题上受到过赵老师的帮助。谈起这件事，曲福进深情地回忆说：

我 1993 年 3 月来大连理工大学师从赵国藩老师攻读博士学位，当时我爱人在沈阳工作。夫妻两地分居，使我不能集中精力做好我的课题研究工作。为了使我能集中精力学习，赵老师在百忙之中抽出时间与师母一起，为解决我的两地分居之事奔跑，最终解决了我们夫妻两地分居的生活，消除了我的后顾之忧，使我能专心把精力用在课题研究上。我和我爱人有时去赵老师家看望赵老师和张秀文师母，每次他们都要我们留下来吃饭，就这样我爱人还跟张秀文师母学会了做山西焖面，到现在我们还经常做山西焖面，真是亲如家人，令我终身难忘。[②]

在访谈中，郑建军这样回忆起赵老师对自己的关心：

---

① 高丹盈访谈录，2013 年 6 月 26 日，郑州。资料存于采集工程数据库。
② 曲福进访谈录，2017 年 10 月，大连。

　　我读博士和做博士后期间，赵老师已经70多岁了，还是那么勤勤恳恳地为学生修改文章。有时候跟我们讨论学术问题，有时候跟我谈如何做学问，这些给我们晚辈帮助特别大。所以我毕业离开大连以后，只要有机会回到大连，我总是抽时间去看看赵老师，还想听听他的一些教导和建议。我1996年出国，后来在国外拿了第二个博士学位，我当时写完博士论文，很高兴地第一个就寄给了赵老师，希望他提提意见。以后也是希望能与赵老师经常交流，看赵老师能不能帮我再把握方向，这是我们做晚辈的最大愿望。①

　　金伟良谈到老师赵国藩时说：

　　我从1995年底从国外回到杭州浙江大学工作，赵老师1996年以后每年都带夫人到我们学校来讲学。我指导的第一个博士生毕业时，答辩委员会主任就由赵老师担任。赵老师在答辩会议举行前，认真审阅我的博士研究生的学位论文，详细了解博士研究生的情况，为答辩会议顺利进行做了细致的准备工作。

　　每当我回忆起赵老师来我们学校的往事时，他那和蔼可亲的音容笑貌，循循善诱的教导，就重新浮现在我的面前。他对我们的厚爱和帮助，使我永远铭记心中。他甘为人梯，毫无保留地把自己的学识传授给我们年轻人。他是中国工程院院士，著名教育家和科学家，但他平易近人，待人友善、诚恳，他从不摆架子。他告诉我们学习方法，指导我们的科研工作，教会我们如何教书育人，在他身上我们看到一位科学家的高尚品格和大家风范。几十年来，我在浙江大学从事教学、科研和管理工作时，一直将赵老师的教育思想和先进理念，应用到实际工作中去，获益匪浅。

① 郑建军访谈录，2013年6月28日，杭州。资料存于采集工程数据库。

我记得大约是 2012 年到大连开会，抽空拜访赵老师，他问我在做什么事情，我说我正在写一本书，是对自然科学基金项目完成后研究成果的总结。他说他要看看，于是我后来把电子稿发给他看，他看完以后给我写了个序。赵老师年纪已经很大了，但他把主要内容全都看完。他说你现在在耐久性方面的研究工作远远超过我们，而且你是做得最好的，这是赵老师给我的评价，也是对我的鼓励。2012 年，我们大学毕业 30 年返校，我带了我著的《腐蚀混凝土结构学》一本给他，他看完以后说你已经超越我了。我觉得赵老师是在鼓励我，对我们取得的哪怕是一点点成绩都给予鼓励。有时候我也在想，赵老师在面对一个学生的时候，开始是责任，后来是爱护，到最后是关爱，是不断变化的师恩。我一直感受到赵老师确实是一个大学问家，是一位教育家，也是一位优秀的工程师，这三点应该是非常确切的。①

吴智敏从博士、博士后一直师从赵国藩，参加工作后也与赵国藩在一个研究所工作，与赵老师接触、共事最久，对赵老师做学问的态度和为人的品格感受最深。吴智敏总是说：

赵老师对我们就像父亲一样关心、帮助和指导。他对青年教师严格要求，每个青年教师申报国家自然科学基金的本子，他都要抽时间看看，各种汇报的 PPT 也要亲自听听。这种教书育人的传统在我们研究所得到一脉相承。②

1999 年，70 多岁的赵国藩将自己一个几千元的存折交给科研秘书，委托她注意学生中谁有临时困难，就用这笔钱帮助解决一下。有

---

① 金伟良访谈录，2019 年 7 月 6 日，杭州。

② 吴智敏访谈录，2017 年 10 月，大连。

几位博士生得到过这笔钱的帮助。当然，事后学生们又都如数归还，再帮助其他有困难的学生急用。

陶行知说过，真教育是心心相印的活动。伟大的师爱对一个人的影响是终生的。赵国藩对学生的爱护，体贴入微、关怀备至，为学生们的事情竭尽全力操劳，在大连理工大学传为一段佳话。他爱生如子的情怀，让学生们感动。学生们也待他如父。每逢重大节日，他的生日，或者生病住院，许多学生都会拜访和探望他。有一年赵国藩患胆囊炎住院，许多老师都要求去陪护，王清湘教授更是不顾自己身体有病，一定要在医院照顾，后被赵国藩的家属再三劝阻。在赵国藩晚年时，王清湘教授只要有空就去探望，不仅问寒问暖，还给他做按摩，讲一些学校的发展变化及结构所的新研究项目等，赵国藩听了以后非常高兴，拉着王清湘教授的手，久久不放。

图 7-12　赵国藩（左）和夫人（中）与王清湘教授
合影（2009 年）

师生情浓　鸿雁传书

2002 年 6 月，赵国藩因心脏跳动过缓，到北京住院、做手术，因不愿给家人添麻烦，子女都没让去；怕大家惦记，更怕大家耽误时间去探望，除学校有关负责人外，不愿意被别人知道，影响别人的工作和学习，但消息仍被传出。他的许多同事、领导都非常着急，一些学生通过各种渠道打听询问赵国藩的病情，并祝愿他早日康复。因为他们知道老师年龄已大，又患有高血压、糖尿病、心脏病等多种疾病，手术有风险，所以自发到医院昼夜轮班陪护和照顾，甚至放下了手中正在忙碌的工作。手术很成功，在学生和医务工作者的精心照料下，他很快康复出院。

2007 年赵国藩因发烧咯血在大连医科大学附属医院住院。为了能及时对症治疗，大连的专家建议到北京作进一步诊断，但因他身体的状况不能赴京，吴智敏教授派博士生徐锋连夜赶往北京，将 CT 片及其他检查报告送到北京的医院，请著名专家会诊，为在大连治疗提供可行的方案。这些都让赵国藩十分感动，感激老师和学生对他像对自己的父亲一样关心和爱护，感激他们的赤子之情。

毕业多年返校聚会，是每个学生心情最为激动的时刻，可以见到离开多年的同学和老师，向老师们汇报工作成就和生活状况，共叙师生情谊。1953 届的毕业生返校聚会，提起赵国藩，校友们说："赵国藩教授曾是我们土木系首届毕业生 1949 年入学时的助教和第一任政治辅导员，是来自上海交大的高材生。他学识渊博，才华出众；他给我们上的每一门课都给我们留下了深刻印象。在生活上他对我们关怀备至；在政治上，他帮助我们树立了正确的人生观，明确了学习方向，使我们能很快地全力投入学习中去。他对专业认真钻研的精神给我们做出了榜样，他对我们的帮助是全面的。"当他们得知赵国藩老师生病住院、不能亲临会场时，纷纷写信给他个人或学校校友会，表达对赵老师的关心和惦念之情，师生之间书函往来，传递真情。

赵国藩首先向学生们介绍了自己的病情及状况：

我因冠心病心动过缓，于 6 月 17 日至 28 日在北京阜外心血管医院作了心脏起搏器的安装手术，现最低心率已由 40 次 / 分提高到 60 次 / 分，于 6 月 28 日出院回到大连，手术比较顺利，手术创口已基本愈合，请释远念。

感谢土木系建筑组校友的热情关怀，敬祝校友身体健康，万事如意！

张熙光校友给校友会的信写道：

赵老师是我国成绩卓著的钢筋混凝土结构专家，从 20 世纪 50 年代开始在混凝土梁抗剪试验研究方面成果显赫，多次在土木工程学报发表文章。随着"大工"在专业设置上的发展，在建筑、水电、港口、桥梁、海洋工程等方面，他都作出了巨大贡献，并当选工程院院士。其严谨的治学精神，一直是我们的典范。赵老师是我们的助教和第一任辅导员，对我们循循善诱，教育有方，给我们思想、生活、学习许多关怀和帮助……赵老师桃李满天下，何止千数？他对我们这一批"开山弟子"真是呕心沥血，关心备至，引导我们走上了进步勤奋的道路。我们的师生感情深厚，因此记忆犹新。我们这一班同学在两位院士钱令希老师和赵国藩老师的亲切教诲下有幸追随其风范及学识，真是终身受益。我衷心祝福赵老师安装心脏起搏器顺利成功，为祖国为人类做出更加辉煌的成绩。

马文正校友给赵国藩的信写道：

赵老师：您好！在得知您最近安装完心脏起搏器，心动过缓症状已有所减轻后，感到非常高兴，请您务必保重身体，您的学生今后会常去信问候的。我的年龄也已71周岁零7个多月了，记性也不行了，但对大学学习期间的往事仍记忆犹新。记得我们刚到校时实行的是全公费，后来改为助学金制。在改制过程中，您做了大量的工作，对每个同学的情况都一一了解调查，张榜公布后还请班长找每个同学分别谈话，陈士荫班长找我谈后，我表示家庭经济困难，为此，您还照顾我，每月给我发一点零花钱，我当时非常感动，觉得心里暖洋洋的，决心把学习搞好，将来工作时报答党和国家。您对我们班的关心是全方位的。学习、生活、业余活动都关心，可以说，我们24小时都是在您的关怀下度过的。这封信也无法表达我的感激之情。我们的成长，我们今天之所以能做出一点成绩，都有您的一份功劳，我们是永远不会忘记的，请您务必保重身体……"

王永安校友给校友会的信写道：

得知赵国藩老师要进行安装心脏起搏器的手术，我有两个同事都先后做过这种手术，一个是在1993年，一个是在去年，效果都挺好，前者担任了繁重的领导工作，还经常出国，可见这种手术已是相当成熟的了，所以请赵老师放心好了。

唐辛德校友给校友会的信写道：

首先在此向赵国藩老师问好，喜闻赵老师手术很成功，非常高兴并向他祝贺，请多保重身体。回忆50年前赵老师在学习和工作上对我的谆谆教导，倍感亲切。现在我已第二次退休在家，可是赵老师仍在为祖国科学事业的发展继续奉献，感到非常钦佩，望赵老师要注意休息。

沈贤矶校友给校友会的信写道:

我班同学已毕业49年,现在百分之百已年过古稀,但在老师面前永远是小学生,对老师永远怀着敬爱与感谢之情。我们总说"母校的优良校风熏陶了我们",这都不是抽象的,师生关系好是优良校风的一个组成部分,正是因为有了(就我们接触过的)屈伯川、钱令希、范大因、马啸、汪坦、赵国藩、萧宗谊等这样一些对党的教育事业无比忠诚、德高望重、以身作则、循循善诱的领导和老师辛勤的培育,我们这一届又一届的毕业生才能在各自岗位上有了无愧于母校的表现,其中更有不少人做出了卓越的成绩,为母校争了光!

师情难忘啊!值此教师节来临之际,请教师们接受学生们最最亲切而诚挚的问候,祝你们健康长寿、阖家幸福!

许平意校友给校友会的信写道:

今天有幸接到赵老师亲笔回信,说明术后情况良好,这是我们大家所盼望的。赵老师对我们在校时的情况记忆犹新,真是太不容易了!他还告诉我他是山西汾阳人,离我们这儿(河津)约400公里,应该说,我们还是老乡呢!因为到今年我在山西已住38年,山西可以说是我的第二故乡了。

赵国藩收到这一封封热情洋溢的信后非常激动,他真诚地感谢毕业多年的学生对他的关怀。赵国藩回函说:

我十分感谢你们,望校友们也多多保重,注意身体锻炼、劳逸结合,事业与健康并重,同步前进。

2002年国庆节期间,水利系78级校友返校,赵国藩也因病未能出席师生见面会，但仍牵挂着同学们，亲笔题词送上祝福和希望：

尊敬的（原）水利工程系 78 级校友同学：

您们 2002 年 10 月 2 日毕业 20 年返校聚会，不巧我因病住院治疗，失去了一次与您们欢聚叙旧、向您们学习交流的大好机会，甚以为憾。

这 20 年，您们风华正茂，壮志有为，在各条战线上为祖国的建设作出了重要贡献，向您们致敬，向您们祝贺。深盼您们再接再厉，努力奋斗，再立新功。并敬祝您们身体好！工作好！学习好！家庭好！

大连理工大学校友　赵国藩敬贺

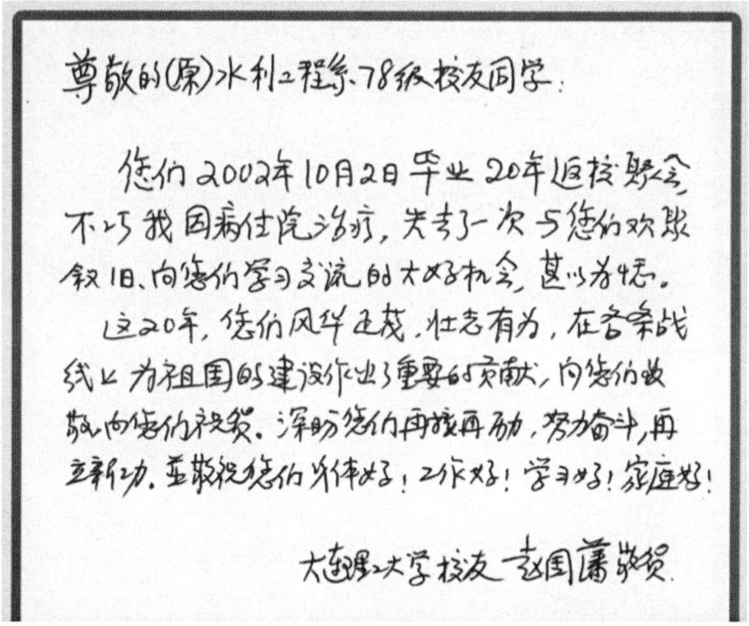
尊敬的(原)水利工程系78级校友同学:
您们2002年10月2日毕业20年返校聚会
不巧我因病住院治疗，失去了一次与您们欢聚
叙旧、向您们学习交流的大好机会，甚以为憾。
这20年，您们风华正茂，壮志有为，在各条战
线上为祖国的建设作出了重要的贡献，向您们致
敬，向您们祝贺。深盼您们再接再励，努力奋斗，再
立新功。并敬祝您们身体好！工作好！学习好！家庭好！
大连理工大学校友 赵国藩敬贺

图 7-13　赵国藩为水利系 1978 级校友毕业 20 年返校聚会题词祝贺

2006 年国庆节前夕，水利系 56 届校友毕业 50 周年返校，在图书馆报告厅召开师生见面会，当时的林安西书记、程耿东校长和赵国藩院士等 20 余位老师出席，赵国藩代表老师讲话，同学们又一次聆听了老师的教导。全体同学向母校赠送礼品——纯金质纪念锦牌，上刻"凌水河畔受栽培，铮铮岁月五十载，古稀高龄来聚会，喜迎母校更风采。"此前，庄锡年、林少培、许福宗三位同学代表向钱令希、赵国藩祝寿，并赠送金质锦牌，上书"师恩广泽，桃李遍布；德高望重，遐龄南山""智德超群，大师风范"。

人民日报记者张天来曾经问赵国藩，您的追求究竟是什么？您所要的享受是什么？赵国藩不假思索地回答说：

我的最高享受，就是学生有成就，对国家有贡献。我的最大心愿就是培养人，就是希望我的学生超过我。

赵国藩是这样说的，也是这样做的。几十年来，他言行一致，身体力行，知行合一；他的学生的成就和对他的热爱就是证明。

第八章

著书立说

如果说"书籍是人类进步的阶梯"（高尔基），那么赵国藩是其中阶梯的重要建造者之一。赵国藩一生著书 19 部，为高校教师、学生及工程建设人员提供了知识和精神食粮，影响了一代又一代土木人，特别是在中华人民共和国成立初期，缺乏工程建设方面的专业书籍和资料，他的著作成为新中国工程建设发展的推动力。

编写国内第一本钢筋混凝土极限状态设计的著作

钢筋混凝土是 19 世纪中期发明的，距今已经有一百多年的历史。钢筋混凝土结构设计方法曾先后经历了"容许应力设计法""破损阶段设计法"和"极限状态设计法"。容许应力设计法是基于材料力学的弹性设计方法，结构破坏时并没有达到最大的承载力，并没有反映结构破坏时的真实受力情况。破损阶段设计法和极限状态设计法考虑了结构破坏时混凝土和钢筋的塑性状态，比较合理地反映了结构破坏时的真实情况，两者的区别是极限状态设计法不仅包括承载能力极限状态，还包括裂缝、变形等正常使用极限状态。极限状态设计法最早是由苏联学者格沃兹杰夫等提出的，也最早在苏联的钢筋混凝土设计规范中得到应用，美国只是在 20 世纪 70 年代才在其混凝土设计规范中引进了极限状态设计方法。目前各国钢筋混凝土结构设计采用的基本都是极限状态设计方法。

20 世纪 50 年代，新中国尚处于成立初期阶段，百废待兴，各方面的基础都很薄弱，缺乏工程技术方面的人才。由于我国与苏联关系较好，所以很多方面的发展参考的都是苏联模式，甚至很多工程设计规范直接采用苏联的规范。在当时，学习苏联的科学技术成为一项紧迫的任务，但由于语言的障碍，大部分人不能直接读俄文，在这种情况下，赵国藩等翻译了多本苏联教材和专著，这在前面已经谈到。但我国的混凝土和钢筋的材料性能、荷载、施工水平等与苏联有很大不同，完全照搬苏联的规范是不行的，需要在掌握钢筋混凝土基本原理的基础上，结合我国的实际情况，编写自己的规范，这样就需要规范编写人员和工程技术人员了解极限状态设计法，他们急需一套系统地讲解钢筋混凝土结构极限状态设计原理的中文著作，来弥补在实际工作中理论体系不完整的缺陷。

图 8-1 《钢筋混凝土结构按极限状态计算》封面

赵国藩在 20 世纪 50 年代翻译苏联著作的过程中，也深入掌握了钢筋混凝土结构极限状态设计的原理，同时对极限状态设计法进行了更深入的研究。1953 年 6 月，赵国藩完成了长篇论文《结构设计的新理论及方法——考虑材料的塑性性能》，经力学专家钱令希推荐，在《工程建设》1953 年第 38 期和第 39 期上发表，后来又发表了《建筑结构按照极限状态的计算方法》（《大连工学院学刊》1954 年第 1 期）和《建筑结构按照极限状态计算原理及其系数的确定方法》（《土木工程学报》1956 年第 2 期）等多篇论文。在总结苏联已有研究成果和他自己的研究成果的基础上，赵国藩编写了《钢筋混凝土结构按极限状态计算》一书。这本书是我国第一本钢筋混凝土结构按极限状态法设计的著作，推动和引导了我国钢筋混凝土结构设计理论和规范的发展。该书 1959 年第一次印刷，由于排版人员不细心，出现了很多印刷方面的错误，赵国藩又逐字逐句校对、修改，1961年又重新印刷。

上海交通大学刘西拉教授在谈到赵国藩这本著作时说："赵国藩老师的《钢筋混凝土结构按极限状态计算》这本著作是在苏联著名专家格沃兹杰夫基础上把极限状态计算的完整理论体系做了进一步的推广，并作了完整、全面的介绍。后来许多人来写极限状态的计算，在完整性和高度上都没有超过赵老师。"

河海大学周氏教授说："赵国藩1959年就出版了《钢筋混凝土结构按极限状态计算》一书，这在国内可以说是首创。对我国后来所制订的钢筋混凝土结构设计规范全面采用极限状态设计法起了不可忽略的引导作用。"

呕心沥血　编写教材

赵国藩十分重视教材的编写工作，当时他承担水利工程专业钢筋混凝土结构课程的教学任务，所用的教材是针对工民建专业的教材，其中工业厂房和民用房屋等方面的内容，已不适应水利类专业的需要，需要编写适用于水利工程专业人才培养需要的专门教材。为此，他与其他高校合作，于1974年完成了《钢筋混凝土结构及砖石结构》一书，由水利电力出版社出版。教材共分两册，上册介绍钢筋混凝土、少筋混凝土、预应力混凝土以及钢丝网水泥结构和砖石结构等的计算理论，下册介绍挡土墙、水管、渡槽、桥梁、水闸、闸门以及水电站厂房等水工建筑物的设计方法，满足了水利类专业教学的需要。后来几个高校又共同编写了《水工钢筋混凝土结构》教材。

《水工钢筋混凝土结构》这本教材的第一版现在已很难找到了。

在 20 世纪 70 年代，因它比较实用，受到水利水电工程技术人员的欢迎，出版社将它作为科技书多次印刷发行，发行量超过了 10 万册。当时的社会风气是强调突出集体，反对提个人名字。所以书的封面上没有作者名字，书中也看不到作者姓名，只在扉页上写了华东水利学院、大连工学院、西北农学院三个学校的名称。当时国家政策是不提按劳分配，只讲无私奉献，所有该书的作者也没稿费。

赵国藩认为教材是最重要的课程资源，对教学质量的提高起着关键作用，在很大程度上影响着教师如何教、学生怎样学。要想编写好教材，除了认真、严谨外，还要有创新思想。在《水工钢筋混凝土结构》教材中，少筋混凝土的内容就采用了赵国藩的研究成果。

钢筋混凝土在土木工程领域应用广泛，而在水利工程中，混凝土大坝的体积通常很大，如果采用钢筋混凝土构件的配筋方法进行配筋，则钢筋的用量就非常大。例如，对于普通钢筋混凝土梁，尺寸不是很大，如果配置两根钢筋，这两钢筋面积相对于梁截面的面积就很大了（钢筋面积与构件截面面积之比称之为配筋率，钢筋混凝土构件常用配筋率为 1%~2%）。但是混凝土大坝的高度和宽度都到达几十米，属于大体积混凝土，如果采用钢筋混凝土构件的概念配筋，即使配筋率仅 1%，钢筋用量就是一个非常可观的数字，而单从大坝混凝土受力来讲，并不需要如此多的钢筋。

为了综合考虑大体积水工混凝土结构的安全性和经济性，苏联学者 20 世纪 40 年代提出了少筋混凝土的概念。少筋混凝土是指配筋率低于普通钢筋混凝土结构的最小配筋率、介于素混凝土结构和钢筋混凝土结构之间的一种少量配筋的混凝土，常用于船闸结构的闸墩、闸底板、船坞闸室，水电站厂房的挡水墙、尾水管等。由于混凝土的抗拉强度很小，在普通钢筋混凝土结构设计中，一般忽略混凝土的抗拉作用，而对于少筋混凝土，可分别考虑混凝土和钢筋的承载作用，从概率上解释在安全度不变的条件下，可以不像钢筋混凝土那样配置太多的钢筋，进而达到安全和经济的目的。虽然 20 世纪 40 年代苏联学者给出了少筋混凝土的配筋计算公式，但公式是在当时苏联混凝土结构设计规范混凝土应力计算图式的基础上得到的，与后来破坏阶段设计法采用的混凝土应力计算图式不一致，需要推导新的公式。1960年的盛夏，天气非常闷热，赵国藩利用暑假的时间，在家中的阳台上完成了整个少筋混凝土承载力计算公式的推导。少筋混凝土的计算方法后来编入教材和规范，为工程设计所采用，给国家节省了大量钢材。

围绕着《钢筋混凝土结构及砖石结构》和《水工钢筋混凝土结构》教材编写的背景和赵国藩的贡献，采集小组专访了教材主编河海大学的周氏教授。

谈到他与赵国藩的交往时，周氏教授满怀深情地说：

国藩老师是我的老学长，我是 1948 年进上海交大水利系读书的，他是 1949 年从交大土木系毕业的，所以在学校的时候我们没有什么交往。1952 年我毕业后到华东水利学院（河海大学前身）工作，他已在大连工学院教书，因为大家都是教钢筋混凝土结构学的，就相识和熟悉起来。在我的心目当中，是一直把他当作我的老师来看待的，因为我这个时候，还是个小助教，而他已是发表了多篇学术论文和出版许多专著的老讲师了，在专业业务上他确是我敬重的前辈。我给他写信请教的时候，一般都称他为国藩师或赵师，从不叫他赵先生的。[1]

当谈到赵国藩在教材编写中所起的作用时，周氏教授告诉我们：

这时候国藩老师在混凝土学科方面有很深造诣，已发表过许多学术论文，翻译过苏联的不少著作。西北农学院的王从兴老师则是我们

---

① 周氏访谈录，2013 年 11 月 28 日，南京。资料存于采集工程数据库。

图 8-2　在全国水利类教材编审会上（前排左二赵国藩）（1981 年）

这个编写组中职称最高的。但他们两位都十分谦逊和客气，认为华东水院的老师编写的内容比较多，加上当时又没有电脑和复印机，凡文字上修改一次就得重新誊抄一遍，这些修改誊抄工作以及名词术语的统一、章节公式的编排等具体事务是由我来做的，他们两位就指定要我来充当主编。其实名义上我是主编，但许多学术问题实际上都是由国藩师来把关的。

1977 年国家恢复高考，教学要求更高，教材需求量更大了，《钢筋混凝土结构及砖石结构》《水工钢筋混凝土结构》这两本教材删繁就简，合并为一部，改名为《水工钢筋混凝土结构学》，作为全国水利类统一教材重新进行修编。这时，清华大学也参加进来了，该教材成为四个学校合编的教材。1979 年出版了合并后的第一版。

恢复高考后，整个高等教育走上了正轨。大连工学院和许多国内其他高校一样，原有的教学计划和教材已经适应不了新的形势需要。为了改变这种状况，大连工学院进行了教材改革，抓紧教材编写工作。此时国家各部委，包括教育部、水利部、交通部和其他行业，都成立了教材编审委员会，负责编审全国统编教材，就是推荐在全国高校使用的教材。从1978年到1985年，大连工学院共有78名教师参加了国家教委等6个部委的36本教材的编审委员会、专业教育委员会、课程指导委员会（小组）等。赵国藩、唐立民和王众托等12名教授分别当选为不同编委会的正、副主任和组长。赵国藩担任水利部教材编审委员会结构组的组长，负责编审两本教材：一本是《水工钢筋混凝土结构》，一本是《水工钢结构》。两门课是水利专业重要的专业基础课。

据赵国藩的同事吴宗盛（大连理工大学教授）回忆说：

这个编审委员会每五年一届，赵老师曾担任了这个编审委员会的多届组长。我在这个委员会只担任了两届秘书，这期间我一直工作在赵老师身边。我与赵老师共开了五次评审会，每两年一次，因为工程方面的书要根据国家规范来制定内容，工程规范也随着技术的进步要有所变动，因此我们也要根据规范来修订我们教材的内容。两届下来，我们编了两届教材。每次会议都是赵老师亲自主持，在会上根据各个学校的分工，赵老师根据各个学校的擅长，分配哪个章节给哪个学校，确定编写人员，完稿的时间，审稿的时间，最后送到编审委员会来审稿。我们学校是个参编学校，赵老师和我分担几章，送到河海大学修整。①

钢筋混凝土课程是土木、水利专业的专业课程，如吴宗盛老师所说的，它的内容必须符合国家和行业钢筋混凝土规范，因此这本教

① 吴宗盛访谈录，2014年3月26日，大连。资料存于采集工程数据库。

材也随着钢筋混凝土规范的修订而几经修订。从 1979 年的第一版，1983 年的第二版，1996 年的第三版，一直改编到 2009 年的第四版，一共印刷了不下 22 次。每一次教材的修订内容除符合新规范外，还补充了钢筋混凝土结构最新的研究成果，使学生在未来的工作中既能利用课本学到的知识解决实际工程问题，又能掌握钢筋混凝土结构设计方法的最新发展。在修编的

图 8-3　赵国藩等编写的教材获优秀教材证书（1987 年）

过程中，参加编写的学校几经变动，目前的版本是由河海大学、武汉大学、大连理工大学和郑州大学合编的；教材的编写者也多次更换，老教师逐渐隐退，年轻一代教师接了上来。虽然如此，但赵国藩所培植的团结合作的精神、谦逊包容的风格和严肃认真的态度没有变。由于该教材浅显易懂，内容丰富，受到国内各高校水工专业师生的欢迎，于 1987 年 9 月获水利电力部"1976—1985 高等学校水利电力类专业优秀教材奖"一等奖，1987 年获国家教委全国高校优秀教材奖。

《水工钢筋混凝土结构》是水利工程专业应用的一本本科教材。2000 年后，我国研究生不断扩招，研究生的数量逐渐多了起来，这样编写统用的研究生教材也提到议事日程上来。为了搞好研究生专业教育和为国家培养更多的高端人才，2005 年由赵国藩主编、河海大学周氏教授主审的《高等钢筋混凝土结构学》一书由机械工业出版社出版。这本书是专门为高等学校土木、水利、交通、海洋等工程专业硕士研究生和博士研究生编写的教材或教学参考书，也可供从事钢筋混凝土结构工程的设计、施工人员和科学研究者参

考使用。除赵国藩外，书中各章作者均为长期从事钢筋混凝土结构研究和研究生钢筋混凝土结构课程主讲的教师，具有深厚的科研基础和丰富的教学经验。该书共 13 章，主要内容包括混凝土结构的新材料、新结构形式、新试验技术、新理论以及国外规范的最新发展。

编著《工程结构可靠度》

前面已经提到，钢筋混凝土结构的设计方法先后经历了"容许应力设计法""破损阶段设计法"和"极限状态设计法"三个阶段，这是从力学角度对结构设计方法演变进行的分类。实际上，如第五章"结构安全性与耐久性"一节提到的，结构建造和使用中存在大量的不确定性，从概率角度考虑，结构设计方法的演变分为"定值设计法""半概率设计法"和"近似概率设计法"。定值设计法中，材料性能和荷载的取值均为按经验确定的值；半概率设计法中，材料性能取值按概率方法取一定保证率的值，荷载按经验方法取值，同时采用凭经验确定的安全系数；近似概率设计法中，材料性能和荷载取值都是按概率方法确定的，且用可靠指标度量结构的安全度。由于直接采用近似概率设计法进行设计比较复杂，现行规范中采用的是以可靠度为基础、以分项系数表达的极限状态设计方法。目前，工程结构可靠性设计已经成为土木工程的一个研究方向。所谓工程结构可靠性设计是用概率和数理统计理论，对结构设计、施工和使用中存在的、影响结构可靠性的不确定性进行适当处理的一种方法，它的研究与发展，对确保工程结构符合安全可靠、耐久适用、技术先进、质量优良的要求，具有重要的意义。

赵国藩对于工程结构可靠度研究的发轫，可以追溯到 20 世纪 50 年代，就是他刚到大连工学院的时候。当时他在土木工程系担任助教，听钱令希、陆文发几位教授的课程后，对于充实、加深、扩大他自己所学的理论基础和专业知识起了非常重要的作用。为学习苏联先进科学技术，他发愤学习俄语并翻译了许多与可靠度有关的专著。在学习国外已有研究成果的基础上，不断进行更深入的探索，先后发表了论文《我国某些地区的风压和雪载的研究》(《大连工学院学刊》，1957 年第 1 期)、《我国某些地区的雪载及其超载系数》(《土木工程》1958 年第 2 期)、《钢筋混凝土结构按照数理统计法计算的探讨》(《土木工程学报》1960 年第 4 期)等。在这些论文中，赵国藩提出了采用数理统计方法确定结构的材料强度系数和超载系数，以及将用数理统计方法计算的安全系数与经验系数相结合，对钢筋混凝土构件进行设计的方法。这些论文代表了赵国藩结构可靠度研究的早期成果。

进入 20 世纪 80 年代，赵国藩对结构可靠度作了更深入的研究，取得了许多开创性的成果。1982 年，赵国藩编写了《工程结构可靠度》讲义；1984 年，经过补充和进一步完善，《工程结构可靠度》由水利电力出版社出版，合作者为四川建筑科学研究所（今四川建筑科学研究院）的曹居易高工和张宽权。1988 年该书由水利电力出版社再版，累计发行 12110 册。华东水利学院周氏教授审阅了全书，大连工学院应用数学系林安西教授审阅了该书的附篇"工程概率及数理统计概要"。

图 8-4 《工程结构可靠度》封面

该书除论述了国际上结构可靠性理论和应用成果外，也介绍了赵国藩本人的部分研究成果，特别是他 20 世纪 80 年代前期取得的成果。如该书第四章"中心点法——一次二阶矩理论之二"，介绍了赵国藩提出的结构可靠度的"实用分析法"，该方法与国际结构安全度委员会（JCSS）推荐的 JC 法相比，精度相差不多，但计算量大为减少，特别是用于结构构件截面概率极限状态的设计，可直接求解，无需迭代；第五章"荷载及抗力的统计分析"，介绍了赵国藩提出的用极大值统计学原理分析结构设计基准期内可变荷载效应最大值分布的方法，该方法比国际结构安全度委员会推荐的平稳二项随机过程模型更为合理、简便；以及赵国藩提出的计算结构抗力统计参数的比值分析法，该方法概念清楚，计算简便，使用中不易出错；第六章"近似概率法的应用"中"钢筋混凝土结构正常使用极限状态可靠度分析"一节的内容，为他承担的相关课题的研究成果。书中第五章的成果"荷载及抗力的统计分析"分别被《铁路工程结构可靠度设计统一标准》GB 50216—94 和《水利水电工程结构可靠度设计统一标准》GB 50199—94 采用，第六章的课题成果"钢筋混凝土结构正常使用极限状态可靠度分析"于 1991 年通过了原国家教委组织的成果鉴定，认为该课题填补了中国在该领域的空白，可作为制定钢筋混凝土结构可靠度设计统一标准的依据，研究成果属"国际先进水平"，部分成果"国际领先"。该著作中结构可靠度的"实用分析法"，是赵国藩在《建筑结构学报》1984 年第 5 期发表的一篇论文的基础上写成的。在《建筑结构学报》创刊四十周年的纪念活动中，该文被评为优秀论文。

《工程结构可靠度》是我国第一部结构可靠度方面的著作，该书出版时我国建筑工程、公路工程、水利水电工程、港口工程、铁路工程五大行业正在着手或筹划编制各行业的结构可靠度统一标准，因此

出版后成为各行业工程技术人员学习可靠度的重要参考材料，对我国工程结构可靠度设计统一标准的编制起了极大的指导作用。该书同时

也是一本很好的工程结构可靠度方面的教材，为国内众多高等院校研究生或高年级本科生使用，对人才培养及我国结构可靠度理论的研究与应用作出了贡献。该书被多次引用，专家评审意见认为"达到国际同类著作的先进水平"，1998年10月获辽宁省科技进步奖二等奖。2011年，该书由科学出版社作为《中国科学技术经典文库（技术卷）》丛书之一再版，发行2500册。

"千里之行，始于足下"是赵国藩非常喜欢并经常引用的格言，这是因为在他看来再远的路，只有一步步去走，目标才可以到达；再大的事情，只要一点点、细心、认真地去做，就一定可以完成。他在工程结构可靠性理论方面的研究和创新，是对"千里之行，始于足下"格言的最好践行。说起赵国藩对结构可靠度理论的研究，以及编写《工程结构可靠度》，其实是一件非常不容易的事情。因为结构可靠度是理论性比较强的一个研究方向，需要丰富的数理统计和概率论方面的知识，才能把研究工作深入下去。对于一个土木工程专业毕业的学生，在学校学的这方面的知识是远远不够的，必须一边工作，一边继续学习，一边研究，必须充分利用各种条件，珍惜各种机会，变被动为主动。

20世纪80年代初，随着学校科研工作的全面展开，为了提升广大教师的业务水平，推动教学和科研工作的开展，大连工学院为广大教师开设了概率论这门课，因为概率论已经是科研工作不可缺少的数学工具。在当时，许多教师对这门课接触比较少，甚至没有学过，大连工学院决定让林安西为全校教师开设这门课，当时林安西还是数学教研室的老师。

参加这门课学习的教师有200多名，赵国藩也参加了这个学习班。尽管当时他已经是年近60的老教授了，但在他看来，要当好先生，必须先当好学生，只有这样才能督促自己不断地学习，提高科研水平，做好教师工作。他认为无论高低贵贱，无论年长年幼，道理存在的地方，就是老师所在的地方。

据赵国藩的同事吴宗盛教授回忆说：

我当时和赵老师每堂课都坐在一起，我们在这个学习班一起坚持学习了半年。赵老师在这半年中，每堂课都认真听讲、认真做笔记，不迟到、不早退。学完以后很快就应用到他的科学研究以及指导研究生的工作中，尤其是为他以后撰写关于可靠度理论方面的论著打下了坚实基础。赵老师的这种认真学习，学以致用、学有成效的治学态度，非常值得我们学习。[①]

编著《工程结构可靠性理论与应用》

20 世纪 80 年代后期，赵国藩又与他的研究生提出广义随机空间内可靠度的一次二阶矩方法、二次二阶矩方法、二次四阶矩方法、结构体系可靠度分析及同时考虑模糊性和随机性的可靠度分析统一模型，将模糊数学用于钢筋混凝土结构正常使用极限状态的可靠度分析，并提出模糊变量的当量随机化方法。研究成果被鉴定为"达到了国际先进水平，部分达到了国际领先水平"。研究成果"工程结构可靠度"于 1991 年 7 月获国家教委科技进步奖二等奖。

综合上述研究成果和承担多项国家基金自然科学基金及攀登计划项目"重大土木及水利工程安全性与耐久性的基础研究"课题取得的创新性成果，赵国藩完成了《工程结构可靠性理论与应用》专著，于 1996 年 10 月由大连理工大学出版社出版。该书得到了国家自然科

① 吴宗盛访谈录，2014 年 3 月 26 日，大连。资料存于采集工程数据库。

学基金、国家攀登计划项目和大连理工大学学术著作出版基金的共同资助。该书内容丰富、文笔流畅、由浅及深、层次清楚，既有指导当前专业工作的实用价值，又有开拓今后新研究领域的内涵，是一本具有权威性的优秀著作。

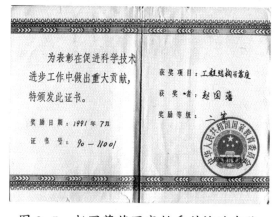

图8-5　赵国藩获国家教委科技进步奖
二等奖证书（1991年）

钱令希院士欣然为该书作序。他在序言中高度评价了赵国藩的工作和著作的意义。他写道：

本书作者赵国藩教授自20世纪50年代就从事有关工程结构安全设计的研究，并一直参与国家规范的研究与制定工作。本书是他数十年辛勤工作的概括，也反映了我国在工程结构可靠性理论与应用方面的发展，并为"统一标准"的制定提供了科学依据。还值得注意的是作者在自己的深入研究中对事物不确定因素的科学处理，和可靠度研究下一步如何解决实际问题而发表的见解。希望此书对工程结构可靠性的研究和设计规范的先进性进一步发挥积极作用。

赵国藩的这本著作在同行中也引起了很大的反响，他们给予本书以极高的评价。孙钧院士写道：

我喜读了由赵国藩学长最近撰作的一本学术专著《工程结构可靠性理论与应用》。该书在（20世纪）80年代由他本人所著《工程结构可靠度》一书的基础上，有了很大的发展。其主要特色是反映了近十年来作者在这一子学科领域的许多最新成果，它们是作者承担多项国家基金和攀登计划项目的研究心得，许多成果已经鉴定，达到了国际先进水平，有的还居国际领先地位，这是十分难能可贵的。本书的创新内涵主要体现在：

1）极大地丰富了随机可靠度分析的理论内涵。有如，采用映射变换和广义随机空间的一次二阶矩理论以及最大熵原理为基础的二次四阶矩方法，书中提出了模糊随机概率的可靠度分析模型与方法等等，均具有高水平的学术意义。

2）本书的研究工作为下步深化制定可靠度设计国家统一标准提供了理论依据。有关工程结构设计的研究，作者直接参与了这一规范的研究与制订，本书在对结构不确定性因素的科学处理以及如何科学合理解决工程设计实际问题所建议的具体方法方面，都有十分重要的实用价值，其贡献也是非常之大的。①

程庆国院士写道：

本书是赵国藩教授总结数十年在工程结构可靠性研究领域所取得的丰硕成果和经验的概括。内容丰富，阐述全面而系统，对结构随机可靠度分析的基本概念和原理，以及随机可靠度的各种分析方法进行了深入浅出、详尽精当的论述。特别是在许多方面（如基于最大熵原理的二次四阶矩法、模糊随机可靠度分析模型、结构正常使用极限状态分析、"已有"结构的可靠度分析和性能评估、借助"人工神经网络"等新方法探讨钢筋混凝土耐久性问题等）作者提出了创新的思想、见解和方法，具有很高的学术水平和实际应用价值，对进一步推动我国工程结构可靠性理论的研究和各专业部门结构设计统一标准及设计规程的制定与完善必将发挥重要的指导、

---

① 赵国藩科技成就辅证材料，内部资料。

参考作用。①

赵国藩自20世纪50年代开始工程结构可靠性理论与应用的研究，在这个研究方向指导了10多位博士研究生和博士后人员，《工程结构可靠性理论与应用》一书承载了他们多年的研究和努力的心血，是他们多年共同研究成果的结晶。在书的前言中，赵国藩作为导师对他们表达了深深的谢意，反映了他尊重他人、爱惜人才的高尚品格。他写道：

作者作为他们的导师，同他们相互切磋，教学相长，获益匪浅。在《工程结构可靠度》一书于1984年出版和1988年再版之后，又得到他们的通力合作，贡献了他们的聪明才智，完成了本书的写作，作者对此表示衷心的感谢。

另外，在书的前言中，赵国藩也表达了钱令希院士拨冗为其著作作序的感激之情，以及在著作写作中其他学者的无私帮助。他满怀深情地写道：

德高望重的中国科学院院士钱令希教授在百忙之中为本书作序。大连理工大学数学科学研究所的徐利治教授、王仁宏教授和应用数学系的李学伟教授、滕素珍教授在我们研究和写作中遇到数学疑难问题时，曾给予热情帮助。在本书付梓之时，作者谨表示衷心的感谢。

赵国藩自编写国内第一本《钢筋混凝土结构按极限状态计算》，到最后完成《钢纤维混凝土结构》一书，共主编、参编著作19部，其中大部分是他研究工作的总结，集中反映了他和他的研究团队在工

① 赵国藩科技成就辅证材料，内部资料。

程结构可靠度、钢筋混凝土结构基本理论、纤维混凝土、混凝土断裂力学、混凝土本构关系和强度理论等方面的创新性成果。他把数学、力学和试验有机地结合在一起，创造了一个又一个的奇迹。他把他的成果编写成著作，指导着我国工程设计规范的编制和工程技术人员对土木工程问题的理解；他把他的成果融进教材，影响着一代又一代的土木人。他对国家工程建设的贡献不只是局限于解决了工程中的一个特定问题，而是为工程设计人员提供了指导思想和工具，从而解决工程中的普遍问题。

第九章

合作与交流

常言说，科学家有国籍，但科学没有国界。我国的科学研究在各方面起步都比西方国家晚，"十年动乱"又浪费了宝贵的时间。赵国藩意识到中国与西方国家科学技术的差距，认识到学术交流和合作的重要性，利用各种机会和条件参加国际会议，结交国际上著名的学者。一方面学习了西方的先进技术，另一方面也向世界宣传了我国学者的科研成就，提高了我国在科学技术领域的国际知名度。

第一次国际交流

赵国藩的国际合作与学术交流活动是从 20 世纪 70 年代末开始的。

1979 年 12 月 2 日至 4 日，由美国国家科学基金会主办的"高强度混凝土"专题讨论会，在美国伊利诺伊大学芝加哥分校举行。当时"高强度混凝土"的研究在国际上刚刚兴起。赵国藩应邀赴美参加此次会议。会议的正式代表 90 人，邀请其他国家的代表 20 余人，其中赵国藩教授是唯一受邀请的中国代表，也是最早一批出国参加国际学术交流的中国学者。

这次讨论会对赵国藩教授后来新研究领域的拓展具有重要的意义，更重要的是在这次讨论会上，赵国藩结识了很多国际知名的结构工程研究同行，与国际同行保持联系和学术交流，也是使他的研究成果一直在国际上具有不可忽视地位的一个重要方面。参加这些讨论会的国际著名学者包括美国华盛顿大学布朗（Brown）教授、美国西北大学巴暂特（Bažant）教授、美国科罗拉多大学格斯尔（Gerstle）教授、美国加利福尼亚大学波特洛（Bertero）教授、美国伊利诺伊大学施诺布里奇（Schnobrich）教授、美国伊利诺伊大学诺曼（Naaman）

教授和荷兰代尔夫特理工大学威特曼（Wittmann）教授等。

荷兰代尔夫特理工大学威特曼教授在讨论会上阐述了采用断裂力学和随机理论并通过电子计算机模拟试验，对普通混凝土和高强混凝土的破坏机理进行研究的进展情况；他从微观、亚微观和宏观三个层次上定义混凝土材料，从不同层次探讨混凝土的材料性能。美国华盛顿大学布朗教授的研究表明，将断裂能应用于高强、高性能混凝土断裂特性的研究也是十分有效的；美国西北大学巴暂特教授介绍了他采用塑性断裂力学方法对混凝土约束效应、应力—应变关系、温度传递、温度应力、断裂、徐变和收缩的研究成果。威特曼教授、布朗教授和巴暂特教授的学术观点启发了赵国藩教授，回国后他在国内率先开展了混凝土断裂力学的研究。

美国科罗拉多大学格斯尔教授论述了普通混凝土和高强混凝土在单调加载、反复加载和持续加载条件下的一维、二维和三维应力状态、强度、变形、断裂和徐变特性。受格斯尔教授学术观点的启发，赵国藩教授回国后在国内率先开展混凝土多维本构关系的研究。

从民间大使到国际合作

在 1979 年高强混凝土研讨会上，赵国藩还十分欣喜地与他三十多年没见面的老同学谢承德教授重逢，当时谢承德教授任北卡罗来纳州立大学的土木系主任。这次重逢不仅促进了两位学者及所在学校的日后学术交流，还成就了一段赵国藩教授乐于助人的佳话。

在会议结束后，谢承德教授邀请赵国藩教授访问北卡罗来纳州立大学。在访问期间，一位年近 40 岁的中年教师主动找到赵国藩教授，自告奋勇要带他去参观学校图书馆。他是在北卡罗来纳州立大学工作的华裔美籍学者、助理教授赵家珍博士。

在图书馆八楼的中文书刊阅览室里，这两位学者热情地交谈开了。

由于当时改革开放、对外交流刚刚开始，国外很多人对国内的新事物、新气象不了解，还是用老眼光看改革开放后的中国。为此赵国藩教授向赵家珍博士重点介绍了中华人民共和国成立以来的变化和中国建设的成就。赵国藩教授的介绍使赵家珍博士对国内的发展产生了浓厚的兴趣，他们有了许多共同的话题。赵家珍博士还谈到了邓小平访美受到热烈欢迎的盛况。邓小平的访美使广大海外爱国侨胞兴奋不已。那些日子，很多华人华侨都感到自豪，几乎每天都要看电视，衷心希望我们伟大的祖国在以邓小平为首的党中央的领导下，尽快恢复经济，将祖国在短时间内发展成一个综合实力强大的国家。就这样一来二去，他们交上了朋友。

由于"十年动乱"期间国内的封闭，赵家珍与国内基本失去了联系。在与赵国藩教授的交往中，感受到他的真诚和热心，赵家珍博士恳请赵国藩教授回国后帮助他寻找亲人。赵国藩教授回国后，在百忙中，辗转找到了赵家珍博士在山东的亲人，通过书信，把情况详细告诉了赵家珍博士。一个月后，赵国藩教授收到回信。赵家珍博士在信中说："很久未用中文写信了，由于您的帮忙，使我能与分离30多年未见面的亲属联系上，家父家母非常高兴"，"此次萍水相逢，相聚虽短，但从你的谈话中，知道了不少国内的情况，以及致力于现代化建设的决心。这次寻亲的事情证明，国内办事效率之高及为海外华人服务之热忱，实在令人敬佩。"

新华社于1980年5月12日登载了赵国藩的这段助人寻亲的故事。大连工学院也对赵国藩乐于助人的事迹给予了极高的评价，称赞他是一位"为和平统一祖国贡献力量"的人。[1]

---

[1] 孙懋德主编《大连理工大学校史（1949—1989）》，第325页。

在这次会议上，赵国藩邀请谢承德到大连工学院来讲学，谢承德欣然接受了。谢承德在大连工学院讲学过程中，详细介绍了美国钢筋混凝土的研究情况和美国规范，并开办了第一个培训班。谢承德教授带来了全套的美国混凝土规范，由于规范是英文版，赵国藩教授组织全教研室的老师把美国规范全部翻译成中文。赵国藩还邀请了国内

图 9-1　赵国藩（左）与谢承德的合影（1981 年）

各大学的教师、各大设计院的技术专家们前来听谢承德教授的讲座。培训进行了三个星期，赵国藩每次都亲临课堂并坐在最前排，水利系二馆能坐 200 余人的阶梯教室，座无虚席。谢承德教授学识渊博，又非常敬业，他在培训过程中通过大量的实例，系统而扼要地介绍了美国混凝土规范的背景、编写过程和应用情况，不但扩大了学员们的专业视野，而且对拓展专业领域也具有很强的启发意义。当时没有计算机和投影仪，只有麦克风和粉笔，条件艰苦，但学员们的收获并不少。每一位听课者都非常珍惜这次培训的机会，很怕来晚了没有座位，他们认真听课，详细做笔记，没有迟到早退的，也没有无故缺席的现象。

这次学习班让大连工学院的教师们开阔了眼界，搞清了美国大学钢筋混凝土课程讲些什么内容，美国规范的最新进展。与会者由衷地感谢这次学习班的组织者赵国藩教授。在当时工作经费不足、设施较差的条件下，组织这么大规模的学习班，赵国藩做了大量工作，也倾注了很多的心血，同时为建立两校良好的合作关系奠定了坚实的基础。

出访北卡罗来纳州立大学

为了进一步加强两校的合作关系，谢承德教授以北卡罗来纳州立大学土木系主任的身份盛情邀请赵国藩教授到他们学校做访问学者，合作进行结构模拟及其他有关课题的研究，赵国藩教授欣然接受了他的邀请。

1980年10月3日，赵国藩收到谢承德的邀请函。1981年3月至9月，赵国藩到美国北卡罗来纳州立大学土木工程系做访问教授。恰逢此时，同为上海交通大学土木工程系毕业的同学孙钧教授也在该校土木工程系作访问教授。赵国藩、谢承德、孙钧三位老同学毕业三十余年后再度聚首，似乎又回到了他们当年同窗共读、挑灯夜战的年代，不同的是他们都成了国际上的学术权威。

赵国藩教授在美国北卡罗来纳州立大学土木工程系做访问学者期间，除了进行结构模拟研究外，还花了大量时间深入研究美国混凝土规范，并与国内的相关规范作了比较，学习国外规范的优点及长处，为国内相关规范的修订积累宝贵的经验和资料。

最重要的是，在做访问学者期间，他有机会参观了北卡罗来纳州立大学土木工程系的实验室。该实验室设备的先进及功能的完备（与当时国内结构领域的实验室相比），使赵国藩感到震惊。他清醒地认识到大学实验室设备先进与否，对科研成果的验证乃至国内重要基础设施的建设起着至关重要的作用。为此他对实验室的建设、规模、

图9-2　赵国藩在美国北卡罗来纳州立大学做访问学者（1981年）

设备的功能、价格、生产厂家等作出了详尽的调查和研究，为学校原水利系土木工程学科实验室的建设打下了良好的基础。这已在第三章"致力结构工程实验室建设"一节作了介绍。

在此期间，他还充分利用该校的图书、杂志等各种信息资源，搜寻他认为有用的科研方面的资料。回国时，他带回了很多的国外文献。

通过这段时间的学习和交流，他英文的听说能力也有了很大的提高，为他今后的国际交流打下了坚实的基础。

与日本大学和工业界的交流

第三章"开创钢纤维混凝土研究与应用新局面"一节提到，1986年5月，赵国藩在参加于日本神户市召开的第四届国际结构安全和可靠度会议上，结识了日本钢纤维混凝土专家、东京大学生产技术研究所的小林一辅教授。小林一辅1929年出生于东京，1954年从东京大学土木工程系毕业后，进入运输部（现日本国土交通部）运输技术研究所就职，1958年进入东京大学生产技术研究所，1976年任教授。

回国后，赵国藩立刻给学院领导提交了出访报告。在报告里他详细讲述了日本建筑业开始大量使用钢纤维混凝土的情况和前景，并提出我们自己的发展规划。此后，他邀请小林一辅教授来中国讲学，小林一辅教授系统、全面地介绍了日本及国际上钢纤维混凝土的研究、应用和发展。

1987年10月12日，赵国藩应小林一辅教授的邀请，到日本东京大学生产技术研究所进行学术交流，作了题为"中国钢纤维混凝土的发展"的演讲。这次学术报告会有100余人参加，包括东京有关学

图 9-3　赵国藩在日本东京大学讲学（1987 年）

校的教授、研究所、会社（公司）的研究人员及公司、工厂的技术人员。报告会上悬挂了大连工学院赠送的"精诚合作"的锦旗。报告后，大家进行了热烈的讨论。报告会结束时，小林一辅教授代表大会向赵国藩赠送了"感谢状"和大学校章。

1987 年 10 月 16 日，受小林一辅等五位教授联合邀请，赵国藩到京都大学访问，并作了题为"混凝土及预应力混凝土结构的发展"的学术报告。到会听讲的教授、专家对赵国藩的报告给予了极高的评价，报告会后赵国藩与他们一起进行了热烈的讨论。在讨论的过程中，有的日本学者希望了解一下中国钢管高强度混凝土组合柱的研究和应用情况，因为地震频发，日本的学者对这一研究成果的关心，是完全可以理解的。赵国藩首先介绍了他与他的博士研究生在钢管高强度混凝土组合柱方面的研究成果，认为这是一种非常有应用前景的新型组合材料，钢管内加入高强度混凝土，钢管外加普通混凝土，用于高层建筑可以满足抗震需要。然后，赵国藩介绍了中国国内钢管高强度混凝土组合柱的应用情况。

之后，赵国藩访问了日本筑波建设省土木研究所和日本东京大学，参观了土木工程实验室，得到了不少新的专业资料及信息。除此之外，日方还安排赵国藩参观了树脂防腐钢筋制造工厂和预弯梁工程。

图9-4　东京大学生产技术研究所颁给
赵国藩的感谢状（1987年）

访问期间，赵国藩与日本东京大学小林一辅教授讨论了进一步进行合作交流的事宜，包括联合培养研究生、海外研究计划和聘请小林一辅教授为客座教授。

这期间，台湾学者（日籍同胞）长井健雄表达了在"三通"后邀请赵国藩去台湾讲学的期望。

赵国藩还于1994年受邀到日本福冈的九州大学进行讲学，开展学术交流。

赵国藩还积极利用国际合作和交流的机会以及他与国外著名学者密切的学术关系，为他身边的研究生创造国外深造的机会，为国家培养优秀人才提供方便。

2000年，戴建国到日本北海道大学土木工程专业读博士，就是源于赵国藩的推荐。戴建国当时正在北京新东方备考托福和GRE，赵国藩打电话给他说，日本北海道大学要办一个英语博士课程班，问戴建国有无兴趣申请，导师是日本工程院院士上田多门（Tamon Ueda）教授。戴建国在1997年大连举办"亚洲混凝土模式规范"会议期间与上田多门教授有过接触，对他的学术能力十分敬佩，所以不加思索就答应了。戴建国曾非常激动地对笔者说："这是我人生非常重要的转折点。"毕业后戴建国就职于香港理工大学，现为土木与环境工程系教授。

图 9-5　赵国藩在日本九州大学讲学（1994 年）

出访新加坡

年近古稀之年，赵国藩仍活跃在科研第一线，曾先后多次到新加坡参加国际会议。

1990 年 3 月 7—9 日，他出席了由国际房屋建筑协会（CIB）与新加坡国立大学联合举办的国际房屋维护及现代化学术会议。此次会议除中国内地和中国香港地区代表外，还有伊朗、意、日、肯尼亚、马来西亚、荷兰、挪威、沙特、新西兰、新加坡、南非、瑞典、英、美、南斯拉夫等 20 多个国家和地区的 254 位代表。

房屋同我们使用的各种物品一样，长期使用后会变得陈旧，这主要是因为建筑材料受到外界环境的影响性能出现老化。因此，到了设计使用年限或未到使用年限但使用中发现了问题的房屋需要进行评估，必要时进行维修、补强和加固，否则会影响结构安全。这次会议就是针对旧房屋的性能评估和维修、加固进行研讨。会议上赵国藩作了"旧有建筑结构工作性能的评估准则"的报告，其亮点是采用可靠指标定量评估结构的性能，与建筑的可靠度设计方法联系了起来，而不是像以往那样采用定性的经验指标。

大会结束后，赵国藩受邀参观了新加坡的一些公司，收集了一些有关结构加固的资料及产品的样品，这些样品对促进我国制造检测仪器、加固补强设备和补强材料等有一定的参考作用。

另外，赵国藩还访问了新加坡国立大学土木系，并作了题为"基于可靠度的结构设计"的报告，到会参加听讲和讨论的有教授、工学院副院长、教师、研究生等。

1991 年 4 月 4—5 日，赵国藩参加了由新加坡混凝土学会和国立新加坡大学组织的第三届国际结构破坏学术会议。

参加会议的中国代表共 5 人，除了赵国藩之外，还有 4 位来自中国台湾地区的代表，他们从事铁路和高速公路建设方面的工作。此外还有来自印度、日本、马来西亚、新加坡、瑞士、美国、澳大利亚、

图 9-6　赵国藩在新加坡开会照片（1991 年）

伊朗等国的代表共 125 人。参加这次会议的有很多国际知名学者，如美国休斯敦大学的美籍华裔教授徐增全，美国加州大学尔湾分校的美籍华裔教授洪华生，澳大利亚的雷根（Rangan）教授等。

会议接受宣读的论文共 40 篇，其中 38 篇编入论文集。赵国藩的论文是与深圳大盟冷轧变形钢筋有限公司总经理郑康平和姜三纲高级工程师合著的，题为"冷轧扭钢筋配筋板的设计建议"。在 4 月 4 日下午的会议上，赵国藩宣读了这篇论文，会后被刊入会议论文集。

赵国藩的论文受到了与会代表的关注。论文报告后的讨论中，代表向赵国藩提出以下问题：①冷轧扭钢筋的扭纹距（螺距）是如何决定的？取用什么数值？②冷轧扭钢筋的极限拉伸率达到什么数值？③冷轧扭钢筋为何未在梁柱中得到应用？④如何用于焊接钢筋网？赵国藩对这些问题都作了说明和解答，代表们非常满意。

会间休息时，代表们还观看了赵国藩带去的冷轧扭钢筋样品以及带去的两幅照片，又提出一些问题，如：冷轧扭钢筋与同强度热轧变形钢筋在性能上的区别，价格上的区别，冷轧加工的成本，用作预应力筋的前景，钢筋的抗压强度，用于桥梁的问题，用于梁柱的大直径钢筋以及我国钢筋混凝土结构设计规范的变革等。有的代表还索取钢筋产品目录。赵国藩对这些问题也作了解答和说明。

通过会上与会下的讨论和交谈，可以看出会议代表对这种新型钢筋的兴趣和重视。除此而外，有的代表还问及赵国藩去年 3 月在国立新加坡大学所作专题报告中有关我国钢纤维混凝土应用发展的问题，赵国藩都一一作了认真回答。

会议结束后，赵国藩参加了新加坡混凝土学会组织的参观义安城（当时新加坡在建的最大商业购物中心）工程的活动。赵国藩的出访，既进行了有关的学术交流，又推动了国际的校企合作。

1998 年 8 月 17—19 日，赵国藩赴新加坡参加了亚洲混凝土模式

图9-7　赵国藩在新加坡参加亚洲混凝土模式规范国际委员会议（1998年）

规范第十届国际委员会会议，并作了会议发言报告，提出了10条建议，会议对此十分重视，决定1999年3月在泰国举行的"亚洲混凝土模式规范"第二次草案讨论时，考虑中国提出的建议，对规范的第一次草案进行修改。

屡赴香港

为了扩宽视野，拓展国际交流合作，共同发展，赵国藩几次到香港参加国际会议。

1988年5月30日至6月4日，赵国藩作为学术委员会成员赴香港参加了"混凝土技术进展"国际会议。此次会议上，赵国藩作了题为"钢纤维混凝土在中国的发展"演讲报告，时间为45分钟。会

图 9-8 赵国藩（左）在第五届高层建筑国际会议（香港）上作特邀报告后与主持人合影（1998 年 12 月）

后，他与香港有关公司的技术人员交流了钢纤维生产、规格、价格以及钢纤维混凝土的发展应用问题，并与香港理工大学土木系主任和教授们进行了座谈，讨论了以后的合作交流问题，扩大了与港澳及新加坡等地的交流合作。

1990 年 11 月 24 日至 12 月 3 日，赵国藩赴香港参加了香港混凝土技术与施工学术会议，并在会上宣读了论文。大会共接受论文（邀请报告）18 篇，赵国藩的报告排在第二，受到与会学者的热烈欢迎。

根据会议安排，赵国藩会后参观访问了交通部港湾公司香港振华工程公司、香港工程设计公司、香港卓华国际实业有限公司、桓昌建筑设计装饰公司以及沙田建筑小区等住宅建筑和室内装饰工程等，与香港同行和专家建立了深厚的友谊和学术联系。

1998 年 12 月 9—11 日，赵国藩应邀赴香港参加第五届国际高层建筑学术会议，担任国际会议学术委员会委员，并作了特邀报告，题目是"高性能混凝土在高层建筑中的发展与应用"。12 月 12 日上午应邀为香港大学土木系研究生及教师做了题为"中国结构工程的研究"的报告，反响热烈。

出席汉城会议

　　1993 年 9 月 18—29 日，赵国藩赴韩国汉城（现名为首尔）参加了第四届东亚及太平洋地区结构工程及施工学术会议。参加会议的有来自中国、日本、韩国、泰国、英国、波兰、伊朗、沙特阿拉伯、土耳其、意大利、美国、印度、澳大利亚等十多个国家的代表，其中韩国、日本和我国代表人数最多。我国两院院士、著名桥梁专家、同济大学李国豪教授也参加了会议，参加会议的还有同济大学、东南大学、北方交通大学（现更名为北京交通大学）、广东工学院、天津大学、青岛建筑工程学院以及交通部、铁道部、广西壮族自治区、湖南省、上海市等派出的代表。

　　会议除两篇主题报告外，其余报告均分组进行。主题报告为韩国 Chong-seo Shin 的"韩国高速铁路工程的关键技术"和韩国 Sang-choo Lee 的"新汉城首都机场工程"。赵国藩非常欣赏"新汉城首都机场工程"的报告，"报告展现了韩国的现代化施工设备及先进的施工技术，得到与会代表的好评"。

　　9 月 21 日上午，赵国藩作了题为"混凝土构件裂缝宽度的计算"的报告，介绍我国在混凝土结构正常使用极限状态设计中裂缝宽度的计算方法，以及该方法在我国公路桥梁设计规范和港口工程结构设计规范中的应用，得到了与会代表的重视。

　　会后，赵国藩和其他与会代表参观了汉城的建筑和桥梁工程、地铁工程。其中有一座公路桥梁采用了最新的体外张拉预应力筋的箱形截面分段预制现场拼装施工方法。该桥位于汉城的龙山区，是跨越汉江的一座 8 车道、长 4640m 的高速公路桥，施工时间是 1989 年 10 月—1995 年 12 月，由南光土建株式会社负责施工。纵向采用体外张拉预应力筋，横向采用体内张拉，桥型为多跨连续预应力箱梁桥。纵向采用体外张拉的优点是：桥梁块件制作容易，预应力筋布置简单，便于施工，施工速度快，块件的截面减薄，重量减轻，基础负载减小，节省材料，维护简单，补修容易等。这种桥型对我国桥梁建造也有一定的参考价值。

另一座大桥是预应力拼装箱型桥，用悬臂法施工，桥长7km，施工期预定为1992年10月—1996年12月。在施工时，块件是用可移动的长116m的滑曳桁架进行安装，施工技术相当先进。

汉城土木建筑工程发展较快，正在进行新的大桥、新的房屋、新的地铁工程的建设，房屋建筑质量高，市政交通规划也比较合理，1988年奥林匹克运动会的各个体育馆造型优美，交通条件便利，体现了汉城新型城市的风格。会议的论文也侧重于城市桥梁建设。这些都给赵国藩留下了深刻的印象。

举办亚洲模式规范会议

20世纪90年代，亚洲是世界经济增长率最高的地区，所以亚洲国家的一些专家希望在土木建筑领域编制一本像欧洲模式规范一样的"亚洲混凝土模式规范"。日本混凝土协会首先成立一个亚洲混凝土模式规范研究委员会，后扩大成一个包括亚洲十多个国家和地区的国际委员会。1993年9月18—29日在韩国汉城举行的第四届东亚及太平洋地区结构工程及施工学术会议上，日本混凝土学会代表提出了由亚洲国家的代表组成工作组编写亚洲混凝土模式规范的建议，计划于1994年在东京召开专题讨论会，当时中国的国际委员有大连理工大学的赵国藩教授和青岛建筑工程学院的张连德教授。该委员会从1994年成立到1996年3月，连续举办了五届学术研讨会，成为亚洲土木工程界有重大影响的国际会议之一，赵国藩作为中方代表多次参加了会议并作大会发言。1994年4月26日，赵国藩赴日本东京大学参加亚洲混凝土模式规范学术研讨会，在混凝土模式规范研究委员会的报告中，发现他们错误地在"国别"一栏中列入"台湾"，赵国藩立即严肃地向会议主席提出意见，指出世界上只有一个中国，这样不利于中日之间的合作。

为了显示中国改革开放近20年来在土木工程建设领域取得的成就，提高中国在亚洲乃至世界上的影响力，在当时的国家教委和大连理工大学及相关部门的大力支持下，1996年10月17—18日，赵国藩作为组委会主席、执行常委和规范编制组的中方代表在大连组织召开了第六届亚洲混凝土模式规范学术研讨会。此次会议代表来自8个国家，其中国外专家20余人，中方专家30余人，另有国内的工程设计人员、教师等总计60余人。

会议上我国建设部的代表介绍了中国改革开放以来在基础设施建设和改善人民居住条件方面取得的成就，阐明了中国作为亚洲大国在亚洲模式规范编制中应起的作用和承担的义务。之后，赵国藩介绍了中国科学家在混凝土结构设计理论方面的研究成果。最后，会议讨论了模式规范编制的框架体系、各章内容安排等。这次会议促进了我国与亚洲各国的学术交流，彰显了中国在"亚洲混凝土模式规范"编制中的地位。

戴建国在这次会议的筹备和主办期间做了很多工作，据他回忆：

1996年，大连理工大学举办了第六届亚洲混凝土模式规范会议。应当说，这个会议能在大连理工大学举办，是和赵老师的国际地位和影响分不开的，赵老师是亚洲混凝土模式规范委员会的中国执委。我在这次会议的筹备和主办期间，做了大量的工作。得益于赵老师日常对我的指导和教诲，我在国际会议的组织、接待国外专家的工作中，得到了很高的评价。直至今日，我还和许多当时参会的国外专家保持紧密的学术和个人联系。①

　　自改革开放以来，赵国藩曾先后 14 次应邀去瑞士、日本、捷克、美国、新加坡以及中国香港等地的大学讲学，曾三十余次应邀担任国际学术会议的主席、主席团成员、分组会主席、委员等职务，同时在国际学术团体、学术期刊、科研机构以及高等院校担任了多个学术职务。赵国藩及其团队辛勤工作，成果突出，在国际舞台上也非常活跃，使我国结构可靠度、钢纤维混凝土、混凝土断裂力学等研究领域在国际上都占有一席之地，影响越来越大。

① 戴建国采访记录，2019 年 6 月 22 日，大连。

第十章

高尚的品德
杰出的成就

凡是与赵国藩有过接触和了解他的人都认为，赵国藩是一位德高望重的大师，他思想觉悟高、原则性强、治学严谨，业务上精益求精，勇于创新，努力赶超世界先进水平；有理想、有抱负，事业心强，忘我工作，拼命工作，积极热情，取得了杰出的成就，为他的同行、同事、学生树立一个良好的榜样，是值得每个人学习的楷模。赵国藩在教育和科研方面取得的巨大成就获得了党和国家的认可，被评为中国工程院院士，荣获陈嘉庚奖。大连理工大学的师生和校友也没有忘记他为学校的发展和人才培养作出的突出贡献，授予他功勋教师的光荣称号。

赵国藩能够取得这样高的成就，与他高尚的品德是密切相关的。赵国藩在为人处世方面，待人诚恳、厚道、和蔼、平易近人，尽心尽力关心帮助同事；在生活方面，他衣食简单，勤俭节约，生活简朴；在自我修养方面，他对事情看得开，看得远，不计较个人的得失和恩怨，不谋私利，无私奉献，心胸豁达，虚怀若谷。毛泽东在《纪念白求恩》一文中评价白求恩是一个高尚的人，一个纯粹的人，一个有道德的人，一个脱离了低级趣味的人，一个有益于人民的人。将这种评价用在赵国藩身上，当不为过。他的家人、亲朋好友、当年的同事以及学生等，都称赞他是一位仁厚长者。

平易近人

赵国藩的平易近人表现在工作、学习和生活中的方方面面。随着赵国藩取得的成就越来越多，他的名气越来越大，前来拜访的人也越来越多，有来请教的，有来拜访的，学院、学校和市里的领导也经常来探望。无论是领导、知名教授，还是普通工作人员，他都热情接待,一视同仁。他当选为工程院院士以后也是如此,他始终把自己看作是一名普通的教师。1996年,赵国藩搬迁到大连市的科学家公寓,此时他已年过古稀。对到他家来访的客人,离别时他都偕同夫人将客人送到电梯口,并且双手抱拳,频频致谢。从他家到电梯口的距离虽然不远,但毕竟有几个门槛。大连的三九天,强风经常吹进电梯口的区域,那里的温度经常比室内的温度低几度,但这并不能改变赵国藩礼貌送客的习惯。

关于赵国藩如何对待和接待客人,赵国藩的女婿曾做过这样的描述:

对待同事与学生总是有求必应,乐于帮人,在岳父的头脑里每个人不论职位高低,所从事的工作如何,都应享有同等的尊严。因此,在接待每位来访人员时,岳父都是笑容满面,彬彬有礼,事事为他人考虑。特别是在他的晚年期间,在他身体条件许可的境况下,学校的老师或学生来送资料或看望时,岳父总是不顾自己身体多病、年老体衰,都亲自下楼到小区的大门口接送。[①]

赵国藩住的科学家公寓离学校较远,到学校上班时,一般乘学校的班车或公交车。后来学校考虑到院士年龄都比较大了,工作繁忙,学校允许院士出差、去学校或由学校回家优先使用学校的小车。随着他年龄越来越大,身体状况越来越差,他偶尔开始用学校的小车。车对赵国藩来说,就是交通工具,不是权力与地位的象征,只要能把他安全、准时送达目的地即可,所以在用车方面,车型、产地、牌子、车辆的新、旧状况从不挑剔,只要有车坐就行。另外,赵国藩的时间观念非常强。工作中他科学、紧凑、合理地安排时间,即使像用车这样的小事也是如此。据大连理工大学车队的师傅说,赵国藩先生是一个非常守时

---

① 赵国藩女婿的邮件,2012年12月26日。

的人，他总是比车队的车稍微提前几分钟到达指定地点，从来不让司机专门等他。他这样做既节省了自己的时间，提高了工作效率，又不浪费别人的时间，同时也体现了对别人劳动的尊重。

2012 年，大连理工大学土木系水工班、港工班和海工班同时举办七七级毕业三十年聚会，赵国藩的一位学生携全家一起从国外回到大连，期间这位学生特意到赵国藩家中探望他。这位学生离开时，赵国藩偕夫人一直把她们送到公交车站。这次短暂、难得的会面，让这位学生感慨万分、热泪盈眶。在交谈过程中，赵国藩多次对这位学生说："希望你将来能有机会回来报效祖国！"

在很多人眼里，赵国藩是一名优秀的学者，是自己尊重的长辈。但赵国藩也始终惦念着他的老师、长辈和同事。在相当长的一段时间内，赵国藩参加过学校举办的团拜会后，都到学校南山家属区给两个人拜年。

一个是赵国藩的老师吴传章，曾经担任过大连 32 中校长。有一年春节，大连的天特别冷，雪又很大，赵国藩顶着严寒和风雪，一步一滑地照例去给他的老师拜年。吴老师特别感动，说赵老师你这么大人物还来看我这个老太太，我实在是不敢当。赵国藩回答说，您过去是我的老师，现在是我的老师，将来也永远是我的老师。

另外一个是因为工作受伤在家养病的廖婉卿老师，她是赵国藩的同事，因在大连理工大学的材力馆（材料力学等专业的实验室）赶任务加晚班而受伤。做结构试验离不开传感器，廖婉卿因为在安装和调试传感器时不慎，传感器砸在脚上，脚部受伤，受伤后廖婉卿相当一段时间无法上班。赵国藩获悉后，每年春节都到她家去看望她，安慰她好好养伤，早日恢复健康。

因为赵国藩的学术声望，每天都会收到很多向他请教的信件，他工作非常繁忙，但凡是向他请教问题，他都耐心解答，有信必回。他说别人相信我，向我请教，我没有理由不回复人家。

谈及赵老师的为人，王清湘教授这样讲：

赵老师是一个大学问家，中国工程院院士，他的学识是业内公认的，未接触过赵老师的人可能认为这样的大科学家架子一定很大，不容易接触。但恰恰相反，只要你和赵老师打过一次交道，你就会发现赵老师是一个非常谦虚、低调、平易近人的人，只要你求到赵老师，他都会尽其所能帮助你。

赵老师的信函文件非常多，归类起来主要有三类。第一类是国内外期刊的审稿文件；第二类是工程问题技术咨询文件；第三类是想报考赵老师研究生／博士生学生的联系信函文件。赵老师对每一封信函都会亲自认真回复，即使是对一个普通大学生提出的问题，他都会及时回复，从不拖拉。有时工作实在太忙，对于工程技术咨询一类的问题，他会根据我们的特长，让我们写出答复意见，他再审查修改后寄出。

在他培养的硕士、博士生中有些家境比较贫寒，赵老师对这些家庭生活困难的学生格外关照，有些学生由于路途遥远回家拿不起路费，长期不能与家人团聚，赵老师知道后就资助他们路费回家看看。[①]

周氏教授在谈到赵国藩院士平易近人的话题时说：

国藩师待人十分亲切，特别平易近人，没有什么架子，在讨论学术问题时总是十分谦逊，只对自己深有研究的问题发表一些中肯的意见，对不属自己研究领域的问题，发言更是谨慎，不像有些专家好像一当院士就什么都知道了。国藩师对人特别热心关心和细心，对我们都像对小弟弟一样，记得我有次去佳木斯路过大连去拜访他，他专门买了西瓜送到我的住处给我解暑，因为当时的旅店还没有风扇，更没有空调。[②]

---

① 王清湘访谈录，2013 年 1 月 19 日，大连。资料存于采集工程数据库。
② 周氏访谈录，2013 年 11 月 28 日，南京。资料存于采集工程数据库。

周氏教授还谈了两件事。

第一件事，有一次时值春节，得知赵老师有几天假期，我就从上海乘船赴大连，向赵老师请教问题。不料船到大连码头已是下半夜凌晨期间，这时已无公交车辆（当时还无出租车），路上一片漆黑，我当时真不知如何去旅馆，就在这个时候，细心的赵老师竟然亲自来码头接我，还让他儿子推自行车帮我把行李送到旅馆，这一点使我又惊又喜。第二天一大早，赵老师叫我到他家吃早餐，原来在大连，春节时间大小饭馆及路上小食摊全部歇业。因此我在大连的两天，都只能在赵老师家蹭饭了。赵老师待人热情细微，可见一斑。

第二件事是在三年困难时期，有一次《水工混凝土结构设计规范》编写组的几个同志一起到大连与赵老师商议工作，赵老师一定要大家在他家中吃饭。20 世纪 60、70 年代，东北地区的生活物资供应十分匮乏，食油也是定量配给的，每人每月供给 3 市两，有些东西购买时要凭票供应，他把家中全年的肉票都拿了出来买肉，把家中存了多年没舍得吃的罐头也全部拿了出来，被我们吃了个精光。后来，我们在北京开会时，大家三三两两到副食品市场上买一条条猪肉（当时每次限购二两，可免肉票），积起来，给赵老师带回大连。

赵国藩院士待人和气、彬彬有礼的风度给孙伟院士留下了深刻的印象。她说：

赵老师对人非常谦和，他不分男女老少，对青年人他也可以做朋友，年轻人都受到很大的教育，所以赵老师在人们心目当中威望是非常高的。有些人就有很大的架子，赵老师可不是，他跟什么人都能谈得来。年轻的同志都愿意和赵老师聊天、讨论问题。在聊天与讨论问题过程中，年轻人觉得受益非常的大。[1]

① 孙伟访谈录，2013 年 11 月 28 日，南京。资料存于采集工程数据库。

谈到赵国藩的为人，陈肇元院士说："赵先生为人谦虚低调，不像有的人出了名就张扬。在我印象里，他对任何人都一视同仁。"

魏星是大连理工大学结构研究所的硕士研究生，毕业后到《建筑结构》杂志社做了编辑，多次请赵国藩评审论文，为杂志把关。在谈到赵国藩为杂志评审论文一事时，她说：

在评审论文的专家中，赵老师是最负责的。一般的专家根据论文的质量，对论文的进一步处理提出建议，采用、修改或退稿，这算是正常的审稿处理程序。但赵老师不同，他对编辑部负责，也对作者负责。他说："有些稿子写得很好，应该发表；但有些稿子写得达不到要求，不应该简单地做退稿处理，要看具体的情况，要告诉作者哪些地方有问题，哪些地方达不到要求，好让作者去完善修改，而不是一棒子打死。即使论文不值得再修改，也要让作者知道问题在什么地方。"学术杂志不仅要发现作者，也要培养作者。[1]

简朴生活

赵国藩的衣食住行十分俭朴。他认为最简单、贴近自然的生活方式，是最好的生活方式。

在穿着方面他从不讲究，他认为没必要在服装上花过多的金钱和时间，只要干净整洁就可以了。年轻的时候，赵国藩一件衣服常常穿很多年，领口、袖口、肘部和膝盖处都打了补丁，还继续穿。受他的影响和熏陶，他的子女也都是如此，几乎都没有什么新衣服，大的不

[1] 赵国藩在京工作学生访谈录，2019 年。

穿了小的穿，"新三年，旧三年，缝缝补补又三年"。在家里，赵国藩学会了使用缝纫机，常常自己补衣服，在他的带动下，他的子女个个都会自己钉衣扣、补衣服。到了中年，赵国藩的长期衣着总是那件蓝色的制服，多年来也没有换过，他说这样穿舒服、轻松、随意。唯一的一套西装，也只是在非常必要的正式场合才穿，比如说到国外出访、重要的仪式、重要的会议等。在赵国藩去世后整理他的衣物时，他的大儿子看到那套西装时说，"这是我父亲最喜欢的一套服装"。

在吃的方面赵国藩更是不讲究，一年四季的食谱简单得不能再简单了，主要是打个糊糊、做个疙瘩汤，煮个面条，做点米饭炒个菜等。饭桌上一个或两个菜那是家常便饭，有三个或四个菜就是改善生活了，逢年过节也是如此。他们家偶尔也包饺子，包饺子时，他常常参与进去，因为他饺子皮擀得很好。但每当他吃完饺子时，他又抱怨，因为包饺子毕竟麻烦，耽误时间。贡金鑫读博士时经常陪同赵国藩出差，他说"在宾馆或饭店吃饭时，赵老师总是说'这里的饭菜没有我老伴做的好吃'"。

20世纪70年代，整个国家处在计划经济时代，物质贫乏，很多东西都是凭票供应。有一年秋天，学校附近的市场上进了一些大螃蟹。当时他的一个学生跑去买，路上遇到赵国藩，问他爱不爱吃螃蟹，他摇摇手说，不爱吃。当时学生很奇怪，在那个物资匮乏的年代，有好吃的谁不想吃啊？学生不理解，问赵老师为什么，他风趣回答，吃螃蟹太麻烦了，有点浪费时间。

在搬入科学家公寓之前，赵国藩一家人居住在新华街147号一栋很旧的日式建筑中，虽然是日式建筑，但建造的年代已经很久，面积不大，而且已经很陈旧。他们一家居住的是1楼东侧的2居室单元。房间南北布置，南面的一间为赵国藩夫妇的卧室，北面的一间为子女的卧室。当时赵国藩的大儿子已经结婚，搬出去单独居住；小儿子正在读书，在校居住；因此北侧的房间也就成了唯一的女儿的卧室。

赵国藩的女婿对第一次到岳父家时的所见是这样描述的：

令我吃惊和诧异：两个不知是哪个年代的学生木质单人床拼合搭建的双人床是两位老人的床铺，在床头和侧面两个上世纪50、60年代使用的竹制书架上，摆满了各种书籍，房间里能够放东西的地方都被一摞一摞的书籍所堆满，床下的柳条包和陈旧的旅行箱用作放置衣物的储藏箱。北侧女儿的房间也是简单得不能再简单了，房间的一侧放了一张学生木床——这就是我爱人的闺床，北面靠窗户的地方放着一个简单的餐桌，壁柜里一些纸壳箱盛满了杂物和工具。房间的一切无不给人一种简陋、质朴、清淡学术之家的感觉。家具虽然陈旧和简陋，但其散发出来的浓浓书香气息令人久久不能忘怀。①

1996年，赵国藩搬到科学家公寓居住，住房条件得到了一定改善，但他和他夫人仍然过着简单、朴素的生活。客厅里只有从老住处搬来的沙发，沙发的外面套着用浅灰色布料做的外套，洗得很干净，却已发白了。因为用得太久，沙发坐垫的弹簧早已失去了弹力，坐在上面就像坐在一张硬板凳上。客厅的一头是饭厅，中间没有隔断。饭厅里几乎没有什么摆设，只有一张孤零零的饭桌。饭桌也是从老住处搬来的，年代比沙发还久远，是中华人民共和国成立初期的产品。桌面下有两个抽屉，就是大家常说的"两屉桌"，桌面和抽屉外部麻麻扎扎，凹凸不平。60多年过去了，赵国藩夫妻对这张老旧的两屉桌钟爱如初，几次搬家都不肯抛弃。在搬进科学家公寓的时候，两屉桌的四条腿太长，进不了门，他请青年人帮忙把四条腿锯短才搬进去的。

卧室中的床是两张单人床拼成的双人床。单人床是中华人民共和国成立初期学生用的床，他们结婚时将两张单人床拼在一起做成了双人床，后来一张坏了，正好他家有位亲戚更换家具，有一张单人床不要了，他们就拉了过来，拼在了一起。

---

① 赵国藩女婿的邮件，2012年12月26日。

图 10-1　赵国藩（中）在家中与前来看望他的大连市九三学社领导合影（2012 年）

仲伟秋博士毕业后一直做赵国藩的科研秘书，经常去他家送各种资料。提起赵国藩的穿和住，他说：

赵先生是一位生活极为朴素节俭的人，平时最常穿的是旧的蓝色中山装。他只有一套西服，也只有在主持国际学术会议等极为重要的场合才穿。先生的家里也非常朴素，客厅里有一个长条三人旧沙发，那是客人和先生合影"标准照"的位置，很多来访的领导、教授、学生和普通人都是坐在这个沙发上和先生合影留念。

由于工作的需要，赵国藩经常出差，每次出差他都以厉行节约为原则。他认为不管是自己课题的钱，还是接待单位的钱，都是国家的钱，国家的钱也不是从天上掉下来的，是纳税人用一滴滴汗水换来的。据他的一位学生回忆说，20 世纪 80 年代，有一次他与赵国藩到武汉去开水工规范的一个研讨会，对方接待单位得知赵国藩教授也参加会议，非常高兴。为了使他能够有一个好的休息、工作环境，立刻按照国家有关接待规格安排他住在一个五星级饭店的豪华套间并承担所有费用。赵国藩知道后坚决不同意，认为把这笔钱花到他身上太奢侈，是浪费。应该把这笔经费用到更需要的地方上去，要为国家节省每一个铜板。接待方得知此消息后，非常感动，按照赵国藩的意见，把他安排在一个普通的标准间。

贡金鑫谈了他与赵老师一起出差的一次经历：

出差目的地附近相隔100m有两个小酒店，一个每晚80元，一个90元。我当时想两个酒店价格差不多，赵老师已经年纪大了，住90元的可能好点。征求赵老师意见时，他说还是住80元的吧，便宜的、贵的都是住一晚上，住贵的没有什么意义。这样，我们就住了每晚80元的酒店。

赵国藩在衣、食、住、行各个方面，处处自奉节俭。他主张艰苦朴素，不只是在教育别人，首先是自己身体力行。无论是在艰苦的条件下，还是在后来经济条件大大改善的情况下，他都是一样。因为勤俭节约的生活习惯，早已成为他生活方式密不可分的一部分。他始终认为，生活上有一个基本的保障就行了，粗茶淡饭，衣着干净就行，奢华、浪费是可耻的，节约是最光荣的。

乐观豁达

数十年来，他在科研、教育和工程实践等各个方面取得了令人瞩目的成就，这除了他坚定不移追求真理的态度、积极探索和创新的精神、认真严谨的工作作风、过人的科研能力外，应当说苦难的经历和豁达的性格也是成就他的重要因素。生于

图 10-2　80 岁高龄的赵国藩在伏案工作（2004 年）

旧中国和成长求学于战争年代的苦难经历，造就和培养了他特有的生活态度和待人处事的方式，那便是豁达。豁达是一种态度，是一种胸襟。豁达也是一种修身，一种境界，是人类生命中的一个重要支点。

在日常生活中，无论是对待领导还是同事和学生，赵国藩向来都与人为善，为人宽容，即使有人在工作上做错了什么、说错了什么，只要他改正错误、做好他应该做的工作，赵国藩总是从大局出发，从不计前嫌，继续与他们友好地相处，共同把工作做好。

"既来之，则安之！"这句格言反映了一个人淡然而不平庸，自信而不狂妄，坦然面对一切的处世态度，这也是赵国藩人生哲学的写照。赵国藩年轻时就将全部精力投入工作和科研中，经常是不分白天黑夜，不分节假日，不计报酬地工作。进入花甲之年，他患上了心脏病、高血压、糖尿病、骨质增生等多种疾病，但他对各种疾病泰然处之，一方面积极配合治疗，一方面仍继续努力工作。虽然年纪大了，各种活动却有增无减，经常是边治疗，边开会，边工作，他夫人是他的私人医生，经常出差陪伴他、照顾他，把他每天每次吃的药分得清清楚楚。据经常与他一起开会的清华大学陈肇元院士说，由于赵国藩糖尿病很重，他随身携带胰岛素和注射器。开会期间，他经常回到房间，注射完胰岛素后，继续开会。

在赵国藩古稀之年，他仍指导多个博士生和硕士生。很多学生的论文是在医院治疗期间修改的。他的博士生巴松涛回忆说：

1999年4月，我向赵老师汇报，初稿（博士论文）已经基本形成了，但是当时赵老师正好要住院，在大连医科大学附属一院，住院前他给我打电话让我把论文拿过去，我感觉这时候提交不太合适，赵老师说他正好利用住院的时间来做这个事。在住院期间他就审查和修改我的论文，期间把我叫过去几次，针对论文中的问题进行指导。赵老师做事比较细心，对论文的修改也比较细，细到具体的文字上，比如混凝土模板的"模"是木字旁，当时因为电脑输入问题，写成了提手旁。赵老师除在文字和论文组织结构方面进行指导外，更关注的是创新方面的内容。在赵老师多方面的指导下，我在三年内顺利完成了博士论文。[1]

赵国藩的豁达胸襟还表现在淡泊名利、从不计较个人得失，先人后己，对他人比对自己还关心等方面。欧阳华江1985—1989年攻读赵国藩的在职博士研究生，毕业后去了英国利物浦大学。2002年欧阳华江回母校讲学，与光明日报记者张天来有过接触，张天来回忆说：

（欧阳华江）听说我（张天来）在采访赵国藩院士的事迹，主动给我提供材料。原来，已经是十几年前的事情了，但他谈起来就好像发生在昨天，依然十分清晰。赵老师给他的印象，有两点深刻到永远不会忘记。第一，他写好准备答辩的论文，送给赵老师看，赵老师看完说不能答辩，'你做的理论工作，要有试验的支持。'于是，他又补做了很长时间的试验，体会到了理论和实践的关系。第二，论文写完，赵老师做了认真的修改，但在送出发表的论文作者署名中，把自己的名字划掉，对学生说："这篇论文的题目和思想都是你的，我不能署上自己的名字。"这种美德，在赵国藩看来是理所当然的。后来，我问赵老师这件事，他从书柜里一下子就找到了十几年前的这篇论文，对我说，欧阳华江不仅做了理论和试验，而且做了应用于"反应堆压力容器（安全壳）的刚度设计"，所以，论文有创新，质量不错。[2]

赵国藩家中每个房间都沿墙壁布满了书柜，书柜里完好地保存着

① 巴松涛访谈录，2013年6月26日，郑州。资料存于采集工程数据库。
② 王丽丽著《院士的足迹》，大连理工大学出版社，2004。

他的研究生的学位论文以及他与他的研究生共同撰写、在各种期刊发表的论文。这就是他最珍爱和最宝贵的财富，是他一生孜孜不倦地追求得到的精神财富。

当选工程院院士

赵国藩在土木水利工程领域科研取得的杰出成就得到了国内同行的认可，在1997年中国工程院院士增选工作中，赵国藩教授当选为中国工程院院士（土木、水利与建筑工程学部）。大连理工大学校史稿中是这样评价赵国藩的学术成就的：

近50年来在工程技术第一线从事结构可靠性及钢筋混凝土结构理论和工程应用研究，为制定我国工程结构规范，攻克四川二滩拱坝、贵州东风拱坝、普定碾压混凝土拱坝、龙滩碾压重力坝等国家"七五""八五"重大项目工程中的关键技术作出了重要贡献。特别对特大型全级配混凝土试件断裂参数以及多轴受力大体积和碾压混凝土变形和强度的测试与分析，有开创性，达到国际领先水平。主编、合编规范7本，专著、合著著作12部，论文240篇，获国家和省部委科技奖15项及优秀教材、自然科学基金优秀成果、光华科技一等奖、规范工作一等奖等多项奖励，其成果中有6项被鉴定达到和部分达到国际领先水平，培养了43名博士生、70多名硕士生及6名博士后。曾获辽宁省优秀专家、大连科技金奖等多项奖励，1985年、1993年度两次被评为大连市劳动模范。[1]

① 大连理工大学校史稿（1989—2009）第275页，其中的数据是1997年之前的数据。

赵国藩被评为中国工程院院士的消息传到北京他的一些学生们中间后，他们非常高兴。适逢1997年底，赵国藩去北京参加一个学术会议，他的学生李云贵将赵国藩指导的、毕业在北京工作的学生组织在一起，为赵国藩教授搞了一个小型的座谈会，气氛十分热烈，学生们共同祝贺恩师赵国藩教授当选中国工程院院士。在举杯共庆的同时，赵国藩深情地说："感谢各位'学友'，愿各位'学友'事业有成"。"学友"这个词是赵国藩自己创造的。尽管他早已是知名教授，博士生导师，是国内外著名学者，但在他自己眼里，研究生是与他共同探讨学术问题、共同进步的"学友"。

当选中国工程院院士后的赵国藩一如既往地工作着，似乎院士的头衔并没有让他感到有什么特别。在赵国藩的眼里，学校、学院的事情无小事，只要是学校、学院安排的工作，他事必到位，按时完成。他事事谦恭让人，对学院所有的教职工，从来都是称某某老师，不会喊小某某，非常客气。

图 10-3　赵国藩（前排中）和夫人与学生们合影

荣获陈嘉庚奖

由中国科学院承办、以爱国华侨陈嘉庚命名的"陈嘉庚奖金"，于 1988 年 1 月 22 日在北京公告设立。其宗旨是弘扬陈嘉庚先生的爱国精神，奖励有突出贡献的优秀人才，促进国家科学、教育事业发展。按《陈嘉庚奖金评奖条例》规定，该奖金参照诺贝尔奖评奖办法，主要鼓励在物质科学、生命科学、地球科学、技术科学、农业科学和医学科学 6 个领域内有突出研究成果的中国科技人才；每两年评选一次，每项奖金 3 万元（后改为 10 万元），同时发给荣誉证书，同一奖项的获得人数以 3 人为限。

陈嘉庚奖首次颁奖仪式，于 1989 年 1 月 17 日在北京举行。获奖者共 4 人。由于在科学理论或实验中的重大发现、重大发明创造和对科学与技术进步、促进经济与社会发展的重大贡献，2000 年 4 月 28 日，77 岁的赵国藩荣获 1999 年第八届陈嘉庚技术科学奖。颁奖仪式于当年的 6 月 9 日在北京召开的中国科学院第十次院士大会闭幕式上隆重举行。与赵国藩一起荣获这一殊荣的还有化学科学奖：张存浩教授；生命科学奖：张香桐教授；数理科学奖：冯端教授；农业科学奖：谢华安教授；医药科学奖：王正国教授；地球科学奖：陈述彭教授；信息科学奖：刘盛纲教授。

赵国藩荣获陈嘉庚技术科学奖这一殊荣，得到了钱令希、程耿东两位院士的支持和认可。钱令希院士写道：

赵国藩院士在土木、水利和建筑领域的杰出研究成就主要表现在：

（1）在我国最早提出了用数理统计方法确定材料强度和荷载系数（1956 年），之后在以概率论为基础的结构设计理论和可靠度研究方面，做出了不少重大的开拓性工作，成为几本工程结构可靠度设计统一标准编写的重要依据。

（2）在钢筋混凝土结构裂缝控制和混凝土断裂力学研究方面，提出了考虑塑性性能的抗裂度计算模型，在我国首次提出了以数理统计为基础的裂缝宽度计算公式。对于大体积水工混凝土结构，进行了大规模的混凝土断裂力学研究，并首先用于大坝裂缝稳定分析中去，取得了国际领先的研究成果。

（3）在纤维混凝土、高强混凝土、后张无黏结预应力混凝土和混凝土强度理论等研究领域都有重大的成就。带领全国各有关科研单位编制了我国首部钢纤维混凝土结构设计与施工规程，其涉及工程领域和理论完整程度都超过了世界上仅有的两本规范（美国、日本），推动了我国纤维混凝土技术的发展。在国内较早开展了高强混凝土和后张无黏结预应力混凝土的研究，提出了高强混凝土抗震设计方法和无黏结预应力梁设计理论，并成功地用于诸多实际工程。

另外，结合国家攻关项目，提出了大骨料全级配混凝土宏观力学性能的计算机仿真分析方法，建立了碾压混凝土单轴和多轴剪切破坏准则，指导了我国重大水利工程的设计和建造。

程耿东院士的推荐评语是这样写道：

赵国藩院士在科学理论及实验中的重大成就为：在国内最早提出用一次二阶矩法分析结构安全系数，提出的抗力比值分析法和荷载极大值分析法被我国国家标准采用，提出了考虑模糊性与随机性的可靠度分析统一模型，提出了考虑抗力随时间变化的可靠度分析方法，主持的"工程结构可靠度理论及其应用"项目1998年获国家科技进步奖二等奖。在钢筋混凝土结构的裂缝控制方面，提出的裂缝控制计算方法被我国四本规范采用，其成果获国家教委科技进步奖二等奖，国家科技进步奖三等奖。在混凝土断裂力学方面，在国内外首次发现了混凝土试件高度超过2m时，断裂韧度不随尺寸变化的规律，提出了混凝土断裂韧度的概率模型、由等效裂缝模型计算混凝土等效断裂韧度的方法及混凝土动态疲劳断裂准则，其成果获得原能源部电力科技进步奖一等奖，国家教委科技进步奖二等奖，被评为国家科技进步奖三等奖。在钢纤维混凝土结构基本理论方面，提出了钢纤维混凝土的标准试验方法和设计方法，其成果已被规范采用，并获国家教育部科技进步奖（应用类）一等奖。在混凝土强度理论与钢筋混凝土有限元方面，提出了混凝土主应变空间的破坏准则，发现了轻骨料混凝土在轴压状态的平面流塑现象，建立了适用于多种混凝土材料的内时损伤本构模型，首次提出了适用于全级配混凝土的双轴拉压状态下的破坏准则，建立了碾压混凝土在拉剪、压剪、拉压剪等多种受力状态的破坏准则，其研究成果获国家科技进步奖一等奖。在混凝土新材料、新结构研究方面，提出了无黏结部分预应力混凝土、高强混凝土、异形柱框架及底部框支组合墙结构的设计方法，其中预应力方面的成果获国家科技进步奖二等奖。

两位工程力学专家一致认为，赵国藩在结构可靠度和混凝土结构

图10-4　欢迎赵国藩（前排中）领奖归来（前排左三为时任学院书记
李桂玲，前排左四为时任副校长纪卓尚）

设计理论方面取得了突出的成就，对推动我国结构工程学科的发展作出了重大贡献，已达到陈嘉庚技术科学奖奖励条件，特推荐赵国藩院士申报陈嘉庚奖。

赵国藩领奖回到学校后，受到大连市和大连理工大学领导以及他的学生们的热烈欢迎。他们精心准备了两束鲜花，一束献给赵国藩，另一束献给了他的夫人。

荣获功勋教师称号

2009年6月21日，是大连理工大学建校60周年校庆活动日。在60周年校庆前夕，为表彰60年来为大连理工大学的建设和发展作出突出贡献的教职工，进一步弘扬大连理工大学的精神，激励新一代"大工"人，学校开展了"大连理工大学建校60周年功勋教师"评选活动，经各部门、院系推荐，网络投票，专家委员会评议，学校党委常委会审定，推选出20名"功勋教师"，他们是（排名按姓氏笔画为序）：王众托、刘长春、刘培德、李士豪、杨长骙、杨锦宗、邱大洪、屈伯川、林纪方、林皋、侯毓汾、胡国栋、赵国藩、钟万勰、唐立民、徐利治、郭可讱、钱令希、程耿东和雷天岳。

当选的20名功勋教师是"大工"几代教师和20万校友群体的缩影与杰出代表。他们的出色业绩，奠基了"大工"60年的辉煌，他们所创造传承的大工精神，铸就了"大工"60年光荣。

赵国藩被评为功勋教师，学校党委常委会是这样评价的：

赵国藩院士近60年来在第一线对结构可靠性及土木、建筑、水利工程中用量极大的钢筋混凝土结构，密切结合工程需要进行理论和工程应用研究，在三个方面作出了重大贡献：①工程结构基础理论研究及主编、合编规范 7 本，担任 2 本规范的顾问及 1 本国际规范的国际委员会；②承担国家水电部及交通部"七五"、"八五"、"九五" 7 项重大工程攻关项目的 10 项子课题；③招收培养博士研究生 72 名，硕士研究生 87 名。获第 8 届"陈嘉庚技术科学奖"和国家科技进步奖 7 项（一等奖 1 项，二等奖 3 项，三等奖 3 项），省部级科技进步奖一、二等奖 23 项（一等奖 8 项，二等奖 15 项），在已完成的科技成果中 3 项被鉴定为"国内领先，部分国际先进水平"，8 项"国际先进水平"，7 项"国际先进，部分国际领先水平"，2 项"国际领先水平"。专著、合著著作 15 部，发表 400 余篇论文。先后获国家级有突出贡献专家、"辽宁省功勋教师"、省、市优秀专家及大连市劳动模范等各种荣誉 21 项。①

几十年来，赵国藩兢兢业业工作在教学、科研第一线，即使到了古稀之年、进入耄耋之年，还在为学校和国家的科研事业和发展操劳。他一生中培养了大量教学、科研和工程技术高级人才，取得了多项科研成果，但不求任何回报，受到党和政府及学校的嘉奖是当之无愧的。他就是这样把有限的生命，投入到无限的为人民服务中去的。

关心下一代

青少年是中华民族的未来，祖国的希望。建设社会主义现代化，实现中华民族伟大复兴，希望寄托在当代青少年身上。青少年应具备

---

① 大连理工大学档案馆，其中的数据是当时的数据。

什么样的素质？如何加强自身修养？怎样才能肩负起时代的重任，将实现自己的人生目标与社会主义建设的需要结合起来？这关系到国家未来的发展，是广大家长以及全社会十分关注的问题。为了帮助青少年了解社会、适应社会，树立正确的人生观和价值观，成为有理想、有道德、有文化、守纪律的一代新人，大连市关心下一代工作委员会组织并会同大连部分高校、科研单位和大型企业，邀请在大连的76位中国科学院、工程院院士和博士研究生导师撰文编写了《科学家寄语下一代》一书。这是跨入21世纪大连市关心下一代工作委员会献给广大青少年朋友的一部珍贵读物。

赵国藩应大连市关心下一代工作委员会之邀撰写了"千里之行始于足下"一文。该文被编为《科学家寄语下一代》第一编综合篇中的第一篇。

赵国藩在文章的开头简单介绍了他13岁小学毕业时正逢抗日战争，如何颠沛流离到西安市，在食不果腹、衣不遮体的艰苦条件下读完中学，又如何在其舅父资助下奔赴当时临时避难到重庆九龙坡的上海交通大学攻读大学的经历，之后又讲了自己1950年8月到大连工学院（现大连理工大学）工作，如何在条件艰苦、设备简陋的情况下开展科研工作的过程。

赵国藩在这篇文章中总结说：

上面是我的简单经历和主要感受。能给我们青少年的成长，提供些什么帮助呢？是不是你们生活在我们这一代老年人所未有过的美好社会中，更应该珍惜现在这么好的学习条件和生活条件，想想过去，看看现在，勤奋学习，努力向上。你们是"早晨八九点钟的太阳"，是祖国的希望和未来，中国是你们的，世界也是你们的。[1]

① 大连市关心下一代工作委员会主编《科学家寄语下一代》，第5页。

赵国藩最后写道：

人都是在希望中生活的，每个青年人心中都有自己崇拜的偶像。有的想当居里夫人式的科学家，有的想当政治家、军事家、艺术家等等。总之，想成为各种各样为人类、为祖国作出突出贡献的人物。有希望，生活就有了目标和动力！

古人云："一寸光阴一寸金，寸金难买寸光阴。"青少年记忆力好，理解力强，精力旺盛，正处于为一生的发展打基础的阶段。青年人要立志，根据自己的爱好和专长来确定奋斗方向；青年人要建立克服前进道路上各种障碍的自信心；青年人还要付出行动，"言必行，行必果"，要有不达目标不罢休的意志。只有这样，你离自己的目标才会越来越近。

赵国藩作为一位著名的科学家，对大连甚至全国的青少年提出了要求和期望，他晚年的最大心愿就是希望青年一代快快成长，能用自己的微薄之力帮助那些求学中生活比较困难的学生。在获得陈嘉庚奖后，他提出要将全部奖金捐给学校"钱令希院士奖学金"基金会。为此，他专门给学校领导写信，表达他的这一真诚愿望。

为当时条件所限，他的这一愿望未能被实现。他的学生们为了实现老师奖掖后学、作育英才的心愿，于2010年自发捐资设立了"赵国藩院士奖励基金"，从2011年开始，大连理工大学建设工程学部按照相关规定，经审核评定，每年奖励10余名品学兼优的研究生和本科生。虽然奖金的数目有限，只能解决学生生活中的一些小困难，但却能激发学生刻苦学习、将来为国家工程建设作贡献的决心。

第十一章

抚今思昔
百感齐生

人生的意义是什么？有的人说是金钱，有的人说是地位，有的人说两者都是。确实，世界上很多人为了金钱和地位而奔波，成为金钱和地位的奴隶。但赵国藩兢兢业业一辈子，既没有得到金钱，也没有得到一官半职，那他是为了什么呢？在第七章针对记者张天来的采访，赵国藩已经回答了这个问题。赵国藩进入古稀之年后，抚今思昔，百感横生，感受到了人生的真谛。

人生感慨

1996年，上海交通大学建校100周年。受母校邀请，赵国藩回到母校参加校庆。母校赠送每位校友一枚纪念章，上刻有"饮水思源"四字。对此，他感慨万分，对纪念章上的源字阐述了他的见解。他说："这'源'是什么：是伟大祖国的培养、是父母的养育、是恩师的教导；是友情的帮助、是集体的支持、是师生的'教学相长'，是家庭的恩情。"①这是他对国家与个人，集体与个人，人与人之间关系的理解。他那种受人滴水之恩当涌泉相报的理念，贯穿着他的一生。为报答国家对他的培养，他用尽了毕生精力及聪明才智，为国家培养了大量的有用人才，为国家的繁荣富强做出了不可磨灭的贡献。正如古人所说的，"春蚕到死丝方尽，蜡炬成灰泪始干"。

2002年1月，《沧桑》杂志的"桑梓英才"栏目刊登了采访赵国藩的文章。在文章中赵国藩感慨地说：

如今，我已年过七旬，白发苍苍，抚今思昔，百感齐生。一生之

① 大连市关心下一代工作委员会主编《科学家寄语下一代》，第5页。

中，深感遗憾的是，未能报答在抗战逃难的艰苦岁月中因贫病早逝的慈母和含辛茹苦、独身生活、养育我与两个弟弟上了大学的慈父。父母养育的恩情永生难忘。[1]

确实，像赵国藩这一代在旧中国出生，在炮火和硝烟中长大，在艰苦的环境中汲取知识而成长起来的老科学家，有着现代年轻人无法体会的人生感慨。他们没有机会报答亲生父母的养育之恩，但赶上了中华人民共和国的成立和社会主义建设新时代。他们以满腔的热情，将自己的全部身心投入中华人民共和国的建设之中，报答党和无数为建立中华人民共和国而抛头颅、洒热血的革命志士，使我们的祖国屹立在世界的东方，使我们伟大的国家日益繁荣昌盛。

贤妻佳侣　教子有方

赵国藩的成功和取得的成就与他夫人默默无闻的支持分不开。赵国藩与夫人张秀文是经自由恋爱组成家庭的。他们俩是高中同学，上大学时，张秀文在兰州大学，而赵国藩远在抗战时期迁徙重庆的上海交通大学。尽管天各一方，但不影响两人的感情，两人频繁书信往来，鸿雁传书，互相关心和惦念着对方，彼此之间都认定对方是一生的伴侣。他们交流学习和生活，相互鼓励。书信这种媒介使得他们彼此的感情不断升华，毕业后很快他们就结婚了。

赵国藩大学毕业后先在齐齐哈尔铁路局工作了一段时间，几个月后又到兰州大学水利系任助教。由于工作的需要，赵国藩于1950年

---

[1]《沧桑》杂志中的"桑梓英才"栏目，2002年1月。

8月调入大连大学工学院（1988年更名为大连理工大学）土木系任助教。赵国藩长期工作在教学和科研第一线，几乎没有节假日，家庭的重担全部落在了夫人张秀文的肩上。

结婚后，他们生育了3个子女（两男一女）。赵国藩由于工作忙，没有太多的时间过问子女的事情，但他对孩子的要求是严格的，从不娇惯。他强调，无论是男孩还是女孩，必须严格要求自己，必须自立自强。为了让丈夫一心一意搞好教学和科研工作，张秀文坚决不让丈夫为家庭琐事分心分神。她在做好自己本职工作的同时，承担起全部家务，充当了父亲和母亲的双重角色。收拾房间、接送孩子上幼儿园、做饭洗衣服、买粮等，全部由张秀文一个人做。

"十年动乱"期间，广大知识分子受到了前所未有的冲击。赵国藩和夫人张秀文两人也未能幸免，好在他们两人互相信任、相互关怀，共同度过了那一段难熬的时光。

光阴似箭，日月如梭，转眼间，赵国藩与张秀文风风雨雨、相依相伴，共同度过了70多年的岁月。年轻时的赵国藩身体还是不错的，他喜欢打篮球、踢足球。小时候他学过武术，步入中年后，学会了打太极拳及静坐，高兴时还给他的小儿子教几个招式，如双峰贯耳、泰山压顶、双龙戏珠等。他喜欢京剧，特别是梅兰芳、马连良、裘盛戎、袁世海的唱腔，高兴的时候就哼哼他们的唱段（除了"十年动乱"期间）。下象棋也是他的爱好之一，高兴的时候还偶尔写写诗。但绝大部分的时间还是用在工作上。

繁忙的工作，越来越多挤占了他休息、锻炼以及与家人交流的时间。由于长时间超负荷工作，他身体严重透支，锻炼的时间越来越少，再加上他生活过于节俭，不注意饮食上的合理搭配，使这个年轻时爱好运动、身体健康的人，身体变得也越来越胖，在不知不觉中患上了心脏病、高血压、糖尿病、骨质增生等多种慢性疾病。

进入花甲之年，他的心脏病、高血压、糖尿病、骨质增生等多种慢性疾病越来越严重，身体健康状况每况愈下。为了支持丈夫的工作，张秀文不但一如既往地承担家务，还成了他的"贴身护士"。赵国藩每次住院，她都日夜陪护，不肯雇用护理工。凡事都亲力亲为，细心地照顾着丈夫。有时候，病房里没有床位，张秀文就打地铺。平时，张秀文不仅将丈夫的饮食起居安排得井井有条，还将要吃的药列了清单，督促赵国藩按时服药。

图 11-1　赵国藩和爱人张秀文在家中（2005 年）

　　2005 年，有一位记者到赵国藩家访谈。采访中，夫人张秀文忙前忙后，不是给记者切水果，就是帮记者找赵国藩的资料和照片。由于年事已高，赵国藩听力欠佳，记者的提问有时听得不太清楚，张秀文就会坐在赵国藩的身边为他重复一遍，或是直接作答。"看着眼前这对相依相伴的老夫老妻，记者让赵老师讲讲和老伴相识的经历，讲完，赵老师侧身看着身旁的老伴，两人会心地一笑。"①

　　赵国藩夫妻相敬如宾、相濡以沫几十年。这样美满的家庭不仅成就了赵国藩的事业，也为周围所有的人树立了模范夫妻、幸福家庭的榜样。赵国藩对夫人几十年在事业和家庭上的帮助和照顾心存感激，他曾满怀深情地做过这样的回顾：

　　更使我得到终身帮助的是我美好的家庭。我的贤妻与我有过坎坷的遭遇，但在长达 50 多年的患难与共、相濡以沫的生活中，她始终尽心尽力地做好本职工作、供养双方老人、抚育儿女。我们相互搀扶着，熬过了一次又一次运动的冲击。特别到了晚年，我那体弱多病之躯得

① 大连晚报，2005 年 5 月 14 日。

图 11-2　全家福（1959 年）

到她无微不至而又非常辛苦的照料。目睹她日夜操劳、两度骨折的身躯，面对她青丝变白发的容颜，我感慨万千。1993 年，我曾在医院的病榻上写下"世间自有真情在，贤妻恩情深似海"的感激之词。①

　　在大连理工大学 60 周年校庆前夕，赵国藩在他家中接受了大连理工大学校报记者的专访，表达了对校友和青年学子的希望。

　　采访中，赵国藩讲述了抗战期间自己青少年时四处逃难和艰苦求学的经历，讲述了自己事业成功的源泉还来自于幸福美满的家庭，讲述了自己为国家从事教育、科研事业的体会和总结。

　　访谈即将结束时，赵国藩说：

　　在校友返校聚会之际，我对毕业回校的同学以前常用"身体好、学习好、工作好"这三好来祝福、勉励，后来，我则以自己的切身体会，加上"家庭好"，用"四好"作为赠言，来祝福校友。

　　虽然赵国藩整天忙于工作，繁重的家务落在了他夫人身上，但他并没有放松对子女的教育。他常说，严格要求别人，首先要严格要求自己，子女也是一样。他认为青少年时期是一个人成长的一个重要阶段，不仅影响着一个人成年后的生活习惯，更重要的是价值观和人生观的塑造。他教育自己的子女要诚实做人，靠自己的能力做事，对自己的本职工作要精益求精，做一个对社会有用的人。他对子女的教育

① 大连市关心下一代工作委员会主编《科学家寄语下一代》，第 4 页。

既有"言传"，又有"身教"，他的一言一行，一举一动为子女树立了榜样。据他的小儿子赵健回忆说：

图 11-3　大连理工大学校报采访赵国藩的报道（2009）年

父亲经常给我们讲一些典故或古诗，并解释其中的含义。比如："锄禾日当午，汗滴禾下土，谁知盘中餐，粒粒皆辛苦"。让我们知道每一粒粮食都来之不易，它凝结着劳作者的辛苦；吃饭时，不能浪费一粒粮食。这种节俭生活习惯伴随了他的一生，也影响了我的生活。

父亲的专业基础知识扎实，思维缜密，解答问题时非常严谨，同时也很谦虚。"十年动乱"期间，教育质量普遍下降，就连教科书的练习题都出现了错误。那时我刚上初中，有一天我的数学老师找我，说有一件事要请教我父亲。我说什么事？他说有一道练习题他做不出来，请你父亲帮忙解答一下。回家后，我将问题告诉了父亲，他第一句话是，初等数学我已多年没碰了，不能保证能解出来。看了问题后父亲很快告诉我说，因缺少已知条件，此题无解，并从几个方面来证明此题是无解的。分析起来看，此题可能是在排版时漏了一句话，导致无解。这是我自上学以来第一次向他请教问题，也是我第一次知道他是做什么工作的，所以印象深刻。虽然平时父亲工作很忙，与我们交流不多，但他这种认真的态度对我后来的生活、工作产生了很大的影响。

父亲是一个对国家有卓著贡献的科学家，他也和其他的父母一样，在他力所能及的范围内，关心、爱护、帮助自己的子女。我初中毕业后，在一家工厂学徒做电工。那还是在"十年动乱"期间，师傅的文化水平比较低，设备维修主要靠经验和死记硬背，设备形式稍有变化，他就无能为力了。所以，要想成为一名好电工，除要有丰富的实践经验外，还要有扎实的理论基础。当时的我，仅仅是"十年动乱"期间的初中毕业生，需要通过阅读大量的专业书籍来充实自己。父亲了解了我的情况后，在他繁忙的工作中抽出时间，从学校图书馆借来我需要的书籍，使我能在较短的时间内掌握书中的知识。在父亲的帮助下，我的专业技能在短期内有了迅速提高。他曾语重心长地告诫我说："像我们这样家庭的人（注：'十年动乱'期间，知识分子受打压，子女受歧视），只能靠自己的本事去生存，自己有能力，别人才会尊重你。"他又说："三百六十行，行行出状元。只要你努力，无论做什么工作，都会干出成绩来。"他就是用这种方式鼓励我自强自立，让我根据自己的特点，定位自己的人生轨迹。正是在父亲的鼓励和支持下，我克服了种种困难，一步一步努力，最终在国内获得了电机专业的硕士研究生学位。①

"教授与青年"

1986 年 3 月，刚过花甲之年的赵国藩被授予 1985 年度大连市劳动模范，这是对他几十年如一日，一心扑在教育和科学事业上，取得光辉成就的认可。学生们为了表达对赵老师的无限崇敬之意，以"教授与青年"为题在土木系教工第一团支部主办的《方圆》报刊上进行了报道。这篇文章言辞恳切、情真意切，字里行间透露着对他们老师无比热爱的真情实感。文章说，赵老师在科研的道路上已经走过了

---

① 赵国藩小儿子赵健的邮件，2012 年 12 月 25 日。

授予:

大连市一九八五年度
劳动模范光荣称号
特发此证

图 11-4　赵国藩获得的大　　图 11-5　方圆报刊上"教授与青年"的报道
连市劳动模范证书（1986 年）　　　　　　（1986 年）

近 40 个年头，几十年来他在钢筋混凝土理论研究方面做了大量工作，取得了丰硕的成果。在这一领域中，他受到同行们的尊敬。在讲到赵国藩对青年的关心时，文章说，赵老师关心青年的成长，也对他们的将来寄予无限的期望。他希望通过青年一代的继续努力，把这一学科发展得更加完善，取得新的突破。他希望在我们的年轻人中，能够出现更多"挑得起大梁"的人。

文章的结语说：

赵国藩教授被评为大连市劳动模范。在这里，我们不可能也没有能力将他的事迹写得很详细、很具体。但是我们希望通过反映他对青年同志的帮助与关怀，给大家一点启示。教授也曾经是青年，青年也将会成为教授；教授是青年的导师，青年代表着希望与未来。愿更多的教师关心青年的成长，严格地要求自己，也愿我们自己不辜负时代和老师们的期望，为党和人民的事业做出更大的贡献。①

①《方圆》，大连理工大学土木系教工第一团支部，1986 年。

耄耋之年　师生重聚

　　赵国藩 1950 年到大连理工大学（当时为大连工学院）任教，登上讲台为本科生讲课，自 1978 年开始招收硕士研究生，1984 年开始招收博士研究生，他几十年如一日，一直坚守在三尺讲台上，培育了一代又一代的土木、水利工程高级人才。这些学生毕业后在不同的岗位上为国家的工程建设贡献着自己的力量。

　　2005 年年初，赵国藩已经是 80 岁高龄。在中国的传统中，80 岁是杖朝之年，是举家为长寿老人庆贺的年龄。当然，赵国藩的学生们也不会忘记这个日子。2005 年新年伊始，全国还沉浸在辞旧迎新的喜庆气氛之中时，他的学生们就从全国各地四面八方齐聚大连，参加"赵国藩院士 80 寿辰暨从教 55 周年系列庆祝"活动。

　　1 月 2 日上午，以纪念赵国藩院士 80 寿辰暨从教 55 周年为主题的"混凝土结构和材料"学术交流会在图书馆多功能厅举行。校长程耿东院士，土木水利学院院长、长江学者特聘教授李宏男教授，赵国藩不同时期的硕士、博士和博士后及结构工程研究所的全体师生等100 多人出席了这次学术交流会。在学术交流会开幕式上，程耿东校长首先代表全校师生向赵老师表示祝贺，并祝赵老师身体健康、幸福长寿。程校长高度评价了赵国藩崇高的师德、渊博的学识、谦虚的风格和勤俭朴实的生活作风。程校长指出，赵老师为我国土木工程界，为大连理工大学的发展作出了重大贡献，是全校师生学习的楷模。土木水利学院院长李宏男教授以赵老师的工作经历为线索，回顾了赵国藩 55 年来在土木工程教育和科研方面所取得的成绩和荣誉。随后，赵国藩的部分学生、土木水利学院的知名教授分别作了精彩的学术报告，以此向赵老师 80 寿辰暨从教 55 周年献礼。

　　2 日晚上 6 点，赵国藩院士 80 寿辰暨从教 55 周年庆贺晚宴在科技园大厦宴会厅隆重举行。出席晚宴的有校党委书记林安西教授、校长程耿东院士、土木水利学院院长李宏男教授、党委书记周惠成教授等学校和学院的领导，以及土木水利学院党政班子其他成员、知名教授、离退休教师、结构研究所全体师生及来自全国各地的赵老师的学生。

图 11-6　赵国藩（左二）80 寿辰庆典会上，时任校党委书记林安西（左一）和时任校长程耿东（右一）向赵国藩敬酒（2005 年）

图 11-7　赵国藩 80 寿辰庆典合影（2005 年）

宴会由林安西书记主持，在致辞中，他从赵国藩中华人民共和国成立前在上海交通大学参加党的地下学生运动并光荣加入中国共产党讲起，回顾了赵老师半个多世纪以来求学、从教的光辉历程。他说，今天，赵老师已是80岁高龄，桃李满天下，但赵老师依然关心学校的发展，关心学校师生的成长。最后林安西举杯，提议为赵国藩的健康长寿干杯。

土木水利学院院长李宏男教授也作了热情洋溢的讲话，对赵老师的80寿辰和从教55周年表示了热烈祝贺。已毕业的校外学生代表、大连泛华公司董事长安玉杰博士和留校的学生代表宋玉普教授分别发言，回顾了当年赵老师对自己的指导、帮助和照顾，并表示一定不辜负赵老师的殷切期望和谆谆教导，继续取得更大的成绩。接下来，由大会组织者、长江学者特聘教授徐世烺致祝酒词。

会上，还宣读了赵国藩的母校上海交通大学发来的贺信。全国政协副主席、中国工程院院长徐匡迪也发来了贺信，他在贺信中高度评价了赵国藩长期在工程技术第一线从事钢筋混凝土结构理论及其工程应用研究所作出的贡献，充分肯定了赵国藩为我国结构工程学科发展，我国水工、水运、建筑工程结构设计技术标准的制定所起的重要作用。

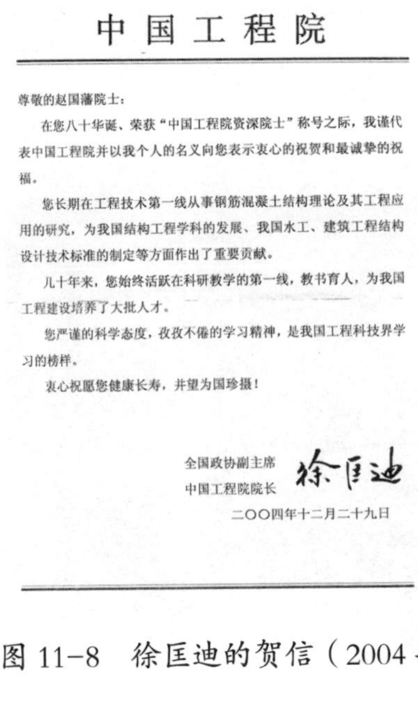

伴随着全体来宾、师生生日祝福的歌声，赵国藩和他的夫人走上前台，吹灭蜡烛，切开蛋糕，将生日宴会推向了高潮。

庆祝会上，赵国藩见到他培养出来的、工作在全国各地的学生激动不已，他高兴的不是他的这么多学生不嫌路途遥远、不怕工作繁忙

中国工程院

尊敬的赵国藩院士：

在您八十华诞、荣获"中国工程院资深院士"称号之际，我谨代表中国工程院并以我个人的名义向您表示衷心的祝贺和最诚挚的祝福。

您长期在工程技术第一线从事钢筋混凝土结构理论及其工程应用的研究，为我国结构工程学科的发展、我国水工、建筑工程结构设计技术标准的制定等方面作出了重要贡献。

几十年来，您始终活跃在科研教学的第一线，教书育人，为我国工程建设培养了大批人才。

您严谨的科学态度，孜孜不倦的学习精神，是我国工程科技界学习的榜样。

衷心祝愿您健康长寿，并望为国珍摄！

全国政协副主席
中国工程院院长　徐匡迪

二〇〇四年十二月二十九日

图 11-8　徐匡迪的贺信（2004 年）

都来看他，而是他看到他培养的学生如今一个个"长大了，长高了"，成为国家建设需要的栋梁之材，他感到很满足，感到自己付出的心血得到了回报。

转眼10年过去了，赵国藩又迎来了他90华诞。2015年1月2日，为表达对德高望重的老师的崇敬之情，他的学生们自发组织了"赵国藩院士从教65周年学术研讨会"。大连理工大学国际会议中心宴会厅鲜花锦簇，气氛热烈。赵国藩的老同事、老同学、老朋友和学生们欢聚一堂，共同祝贺赵国藩院士身体健康。在学术研讨会上，赵国藩院士的几位学生，徐世烺、李云贵、金伟良、郑建军、卢亦炎、贡金鑫、贾金青等，分别就自己所从事的研究方向取得的成果作了精彩的学术报告，一是大家进行学术交流，二是向辛勤培育他们的恩师汇报他们的学术成就和表达对恩师的感恩之情。

中国工程院院长周济发来贺信，高度评价了赵国藩院士的学术思想和学术成就，指出赵国藩院士"不辜负党和人民的重托，发扬严谨的科学精神和崇高的道德风尚，扎实工作，开拓创新，为我国科学技术事业发展作出了重大贡献"。周济在贺信中衷心祝愿赵国藩院士生日快乐，健康长寿！

图 11-9　赵国藩 90 寿辰庆典合影（2015 年）

大连理工大学副校长李俊杰教授代表学校向赵国藩院士90华诞和从教65周年表达美好的祝福和深深的敬意。他对赵国藩院士在人才培养和教学研究方面的重要贡献给予极高的评价。他说，赵国藩院士开创了许多前沿的学科方向并不断创新，执教生涯超过半个世纪，桃李满天下，培养了许多我国土木和建筑行业的栋梁，为国家和社会作出了重大贡献。赵国藩院士是大连理工大学的骄傲！最后，李俊杰副校长深切地说："老师是多么尊贵而亲切的称呼，但当我们向赵老师道出这一称呼时，想到65年的教育和科研经历，作为晚辈更增添了对您的格外尊重和崇敬！风和日丽，喜气满门，由衷地祝愿赵老师和师母健康长寿，新年快乐！"

大连理工大学建设工程学部党委书记杨庆教授致辞，深情回顾了赵国藩院士自建校以来就投身学校创建工作直至90岁高龄仍然关心学校发展的感人事迹。他说，赵国藩院士矢志不移，刻苦攻关，提出了一系列前沿理论，开辟了结构工程学科多个研究方向，解决了一批重要的工程实际问题，在我国土木工程领域作出了重要贡献。同时，培养了一大批造诣非凡的学生，在教育战线和国家经济建设中发挥了重要作用。

深情赞誉先生事，祝福声声情意浓。赵国藩先生的学生张爱林、金伟良、高晓明等先后发言，纷纷表达对赵国藩院士献身土木工程教育、追求科学与真理的敬佩之情，表达对前辈科学家的精神操守和高尚人格的景仰之意。

在经久不息的掌声中，90岁高龄的赵国藩院士站立起来，用大家非常熟悉的山西口音激动地说："我向到会的各位专家和同事表达一下我的感激之情。我今天的所谓荣誉和成绩都是来自校友们，特别是在座的每一位的支持和帮助！我感激！感激！再感激！"

与十年前不同，90岁高龄的赵国藩衰老了很多，但他的思维还是那样清晰，他的声音还是那样洪亮。他见到他的学生高兴不已，他为他的学生取得的骄人成绩而自豪。

学术泰斗　后学楷模

赵国藩在科研上取得的成就，得到了国内外学术界的广泛认可。为表达对这位"学术泰斗、后学楷模"的敬意，鼓励有志之士继续深入研究，大连市学术专著资助出版评审委员会邀请了赵国藩的学生宋玉普、王清湘编写了《赵国藩院士学术论文选》。

2013 年 8 月，在即将迎来赵国藩九十华诞的前夕，《赵国藩院士学术论文选》出版。全书共分四部分：第一部分为工程结构可靠度理论及其应用，收录论文共 7 篇；第二部分为钢筋混凝

图 11-10　《赵国藩院士学术论文选》封面（2013 年）

土结构基本理论，收录论文 10 篇，其中英文论文 1 篇；第三部分为钢纤维混凝土理论，收录论文 6 篇，其中英文论文 1 篇；第四部分为混凝土断裂力学，收录论文 5 篇；第五部分为混凝土破坏准则及本构关系，收录论文 4 篇，其中英文论文 1 篇。这些收录的论文代表了赵国藩在不同研究方向、不同时期的研究成果。

2013 年 11 月采集小组访谈东南大学孙伟院士时，带去了这本论文集相赠，孙伟院士高兴地对我们说：

我与赵老师 1976 年就认识了。赵老师他为人很好，也平易近人，所以我们东南大学经常请他来，他还是我们学校的兼职教授。他在东

图 11-11　赵国藩（中）在东南大学兼职教授受聘仪式与孙伟院士（左一）等合影

南大学作的报告，非常受欢迎，他与我们许多年轻同志都接触过，年轻人与他都能谈得来，大家都蛮喜欢赵老师的，觉得他为人很谦和。赵老师的言行举动对大家的教育也很深，比如说赵老师不计较个人得失，他都那么大年纪了，还到处奔波，出席学术会议。大家都认为，在纤维混凝土这个方面赵老师是我们国家的带头人，他作的贡献很大。[①]

访谈结束后，孙伟院士请采集小组转达她对赵国藩院士的亲切问候，并将自己新出版的著作《现代混凝土理论与技术》回赠给赵国藩。

没有高官，没有厚禄，赵国藩为了那份他执着追求的事业，在平凡的教育岗位上勤奋工作了一辈子。晚年的赵国藩虽然已离开教学、科研第一线，但他仍关心着那些曾经与他共同攻关的学生们，希望听到他们工作取得好成绩的消息，看到他们不断进步的报道，把他所追求的事业发扬光大、传承下去。

① 孙伟访谈录，2013 年 11 月 28 日，南京。资料存于采集工程数据库。

第十二章

不尽思念
滚滚来

"春蚕到死丝方尽，蜡炬成灰泪始干。"赵国藩就是这样的"春蚕"和"蜡烛"，在他被送进重症加强护理病房之前，他还在审读学校学科发展规划，还在为国家的科学技术发展规划写建议，战斗到了生命的最后一刻。

春蚕丝尽

2017年2月1日凌晨，93岁的赵国藩先生燃尽了自己的生命之烛，溘然长逝。消息传出，大连理工大学的师生和土木、水利领域的同仁、他的同事和学生们，无不感到万分悲伤。他们失去了敬爱的老师、多年共同战斗的战友，更是失去了他们心中的榜样。建设工程学部开设了专门的纪念网站，供大家寄托哀思，学校各级领导和同行专家学者，以及许多认识和不认识的学生、教师、工程师们均通过不同的方式，表达了对他无比敬仰和深切怀念之情。中共中央总书记、国家主席、军委主席习近平表示哀悼，向家属表示慰问；中共中央政治局常委、委员等领导同志分别致电或送来花圈表示哀悼；教育部领导、中国工程院领导，辽宁省委领导，大连市委领导等也以不同形式向赵国藩院士逝世表示哀悼，并向家属表示慰问。

2017年2月5日早7时许，大连理工大学在大连市殡仪馆特大厅举行了赵国藩院士遗体告别仪式，追悼大厅中的巨幅挽联写着"土木结构一代宗师，钢混铸范千秋楷模"。参加悼念仪式的有省、市相关领导，大连理工大学现任各级领导和部分离任老领导，各兄弟高校代表等各界人士。赵国藩院士的学生也从全国各地赶到大连，与恩师道别。

发来唁电或向赵国藩院士遗体敬献花圈的单位有：中共中央组织

部、中共中央统战部、中华人民共和国教育部、中国工程院、九三学社中央委员会；中共辽宁省委员会、辽宁省人民政府、中共辽宁省委组织部、中共辽宁省委统战部、中共辽宁省委高校工委、辽宁省教育厅、辽宁省科学技术厅、九三学社辽宁省委员会；中共大连市委员会、大连市人大常委会、大连市人民政府、政协大连市委员会、中共大连市委办公厅、中共大连市委组织部、中共大连市委统战部、大连市高校工委、大连市人大常委会办公厅、大连市政协办公厅、九三学社大连市委员会、大连市科学技术协会；上海交通大学、东北大学、吉林大学、同济大学、华东理工大学、河海大学、江南大学、浙江大学、山东大学、武汉大学、华中科技大学、武汉理工大学、湖南大学、中南大学、华南理工大学、重庆大学、西北农林科技大学、兰州大学、北京理工大学、哈尔滨工业大学、西北工业大学、中国科学技术大学、郑州大学、华北水利水电大学、北京建筑大学等全国近百所高校以及各高校的有关学院、系、研究所；中国土木工程学会，中国水利学会，中国工程院土木、水利与建筑工程学部，中国科学院大连化学物理研究所，中国土木工程学会纤维混凝土专业委员会，中冶建筑研究总院，河南省水利科学研究院，河南省建筑科学研究院有限公司，上海挚坚公司，《工业建筑》杂志社、《建筑结构学报》杂志社等有关单位。

发来唁电或敬献花圈的还有：天津大学校长钟登华院士，重庆大学校长周绪红院士，中国科学技术大学校长万立骏院士，中国工程院土木、水利与建筑工程学部主任周福霖院士，中国地震局工程力学研究所名誉所长谢礼立院士，以及孙伟、缪昌文、聂建国、王浩、欧进萍、吴中如、马洪琪、陈厚群、王复明、杜彦良、龚晓南、康绍忠、王超、杨永斌、张建云、张勇传、钱七虎、董石麟、陈正清、林皋等两院院士，华东理工大学校长曲景平教授，中船工业集团党组书记、董事长董强校友，以及大连理工大学党政领导、离任老领导、两院院士；大连理工大学党委、行政、各学部学院、有关部处；大连

图 12-1 赵国藩院士家属敬献的花圈（2017 年）

理工大学全体师生、各地校友会；大连理工大学 56 届港工专业全体校友、水利工程系 1958 级全体学生；赵国藩院士的家人、生前友好、学生等。

告别仪式由大连理工大学校长郭东明院士主持，校党委书记王寒松教授致悼词。王寒松书记概要介绍了赵国藩院士的生平，对赵国藩先生的品德和学术水平给予了高度评价。他讲到，60 多年来，赵先生博学审问、深思笃行、言传身教、笔耕不辍，为党的教育事业奋斗不息，其治学精神与学术品格深得学界的敬仰与爱戴，是杰出的土木结构工程专家，是忠诚于党的教育事业的辛勤园丁。赵先生自觉传承发扬红色基因，忠于党、忠于祖国、忠于党的教育事业，崇尚科学、严谨求实、无私敬业，将全部心血奉献给了我国土木水利工程事业，为我国科教事业发展和人才培养作出了卓越贡献。赵先生虽已驾鹤西去，但是他对国家的深厚感情，对科研和教育事业的殷切关怀，都让我们难以忘记。他将自己的智慧、才华和生命无私地奉献给了大连理

图 12-2　辽宁省、大连市、大连理工大学的领导和老师、学生等向赵国藩
院士遗体默哀（2017 年）

工大学，奉献给了祖国的科学教育事业、奉献给了他挚爱的学生们。不论是勤奋刻苦的科研精神，还是孜孜不倦的育人理念，都值得我们永远地学习和景仰！

大连理工大学建设工程学部党委书记马震岳教授 2017 年春节正出席在葡萄牙召开的国际水力学协会（IAHR）学术会议。惊闻赵国藩院士仙逝，甚为痛心，特作如下诗文：

德厚永流光，风笵照百世

晋中有汾阳，物华天宝地；
先生长于斯，不幸逢乱世。
颠沛苦求学，少立报国志；
交大修土木，培育有名师。

思想求进步，人生信仰立；
学成强国艺，凌水业肇始。
钢筋混凝土，建筑为主体；
强度须保证，设计多难题。
结构可靠度，建构大体系；
安全耐久性，设计再升级。
纤维细又弱，掺加效力奇；
受力难保全，再施预应力。
工程百年计，规范为铁律；
先生勇担纲，订立如珪尺。
讲学无教案，科研无皈依；
先生不辞劳，学自译介始。
顺应中国情，学术开新域；
伏案度寒暑，著述等身齐。
大坝高百米，裂缝为顽疾；
理论做基石，攻关克服之。
拱坝倡东风，普定后继起；
二滩又小湾，世界殊称奇。
碾压混凝土，筑坝显优势；
关键在抗裂，技术无人知。
先生不畏难，组军迎强敌；
沙牌首演兵，龙滩振鼓鼙。
传道授业忙，十年如一日；
呕心三尺台，工地传新知。
爱才做伯乐，育才甘为梯；
要求严且高，指导细如丝。
学高称泰斗，行为世范师；
桃李星满天，遗泽润后世。

先生守拙朴，终年居陋室；

家无珍宝藏，盈屋书刊积。

劬劳身多病，初心不稍移；

丸药如友伴，治学无辍时。

有誉不自喜，遇谤风吹逝；

助人常为乐，不言下成蹊。

先生驾鹤去，大师凋零稀；

厚德永流光，风范照百世。

后辈失所依，能不深痛惜；

唯求追先贤，奋发共戮力。

不尽的思念

赵国藩院士追悼会结束后，他的学生们久久不愿离去。他们回到宾馆，又自发召开了对导师的追思会，共同回忆导师的音容笑貌，追忆当年受导师指点、与导师共同研究和探讨的情景。

"先生水平高、贡献大、影响大，我是慕名而来的。"河南工程学院校长高丹盈教授说。20世纪70年代，赵国藩院士参编的教材《水工钢筋混凝土结构学》以及他对少筋混凝土结构的研究，让这位郑州工学院的硕士生心生仰慕，如愿成为赵国藩的博士。高丹盈至今还记得先生的教诲："做学问首先要做好人，要做好人首先要向别人学习，要学到别人的东西首先要谦和。"

北京建筑大学校长张爱林教授说：

我在大连理工大学读博士后时赵老师已经70岁，学生的论文他一行一行看，手把手教，不厌其烦地改，一丝不苟。从他那里我学到如何老老实实做人，扎扎实实做事。

大连理工大学建设工程学部副部长吴智敏教授说：

赵老师生活简朴，除了一件蓝色中山装，再没有其他像样的衣服。他对生活要求极低，午餐是夫人准备的饭盒，在微波炉上加热，可以工作一整天。

戴建国教授回忆说：

赵老师对生活没有任何的要求，因社交的需要，只有一套简单的西装，这一套西装也只是在外出开会或校内有重大活动时穿，其余时间几乎全是穿中山装，我女朋友常说赵老师的衣着打扮比工人还朴素。赵老师的生活观念是衣服只要不破，整洁就行，没必要在服装上花过多的金钱和时间。在家中的一日三餐上，食谱也是十分简单，我觉得正是这种良好的生活习惯和淡漠功利的人生操守，使得赵先生更具泰斗风范，成为我们大家学习的楷模。

"随风潜入夜，润物细无声"，赵老师非常注重自身的修养，以自己的道德情操、人格魅力，去影响和熏陶我们这些学生和周围的同事。他一般不会特别要求我们做这或做那，也不跟我们讲很多大道理。我们做试验时，他会经常停步下来关注，尤其关心试验过程中的安全，虽然事情和过程很平淡，但我们被深深打动，工作的责任感自然也就加强了。赵老师就是以这样的方式，让我们默默地感受到一种温暖和关怀。

赵国藩的逝世使跟随他多年的学术秘书仲伟秋博士感到时间瞬时凝固了，泪水从他的双眼奔涌而出。他极度悲伤地讲道：

尽管先生已经在ICU（重症加强护理病房）中接受抢救多日，医生也对我们进行了提醒，但当那一刻真到来的时候，我依然无法相信，这位我一生最崇敬的老师已经离开了。

去年12月8日，我去科学家公寓先生的家中探望他和师母，他走路有些迟缓，但状态尚好，为我的一份材料签名的时候手略有些颤抖，但还是较顺畅地一次就签好了。离开时，我大声说"赵老师，我走了"。近几年，由于年纪大了，他耳朵略有些背，需要大声说话他才能听得清。他点头露出了微笑，示意他知道了。这几年他健康状况不如以前，已经不能送人到电梯口。我没有想到的是，12月8日的这一面，是先生和我的最后一面。

18年前与恩师的第一次见面成为了我永久的回忆，我时常想起1999年12月的冬天，我第一次去结构大厅（结构实验室）拜望先生，请求在他门下攻读博士学位。我当时心中惴惴不安，想着该如何拜见这样一位工程结构的学术大师。但当见到他老人家时，立刻被他的和蔼所感染，紧张减轻了许多。在他不大却摆满了各种专业书和学术资料的办公室里，我汇报了自己的个人和学业情况。告别时，他起身相送，我当时有点不知所措，连连推辞，但这位年龄长我半个世纪的老人坚持将我送到大厅二楼的楼梯口，那一幕永远印在了我的记忆中。

2001年春，我的一位师兄到广州进行科研实验，他之前是赵先生的兼职科研秘书，临行前，经过他和先生的沟通，并征求研究所的意见，我开始接替他做先生的兼职科研秘书。除了2004年到2006年我在日本做博士后的两年，我有幸一直做先生的兼职科研秘书，先生渊博的学识、严谨的学风和高尚的品格，是我一生受之不尽的财富。

一代宗师　风范永存

为了表达对赵国藩的无限崇敬与爱戴之情，能够让赵院士的"博学审问，深思笃行，言传身教，笔耕不辍"的学术品格以及"崇尚科学，严谨求实，勤学创新，无私敬业"的治学精神得以继续发扬光大，激励后人，原土木系83级校友自发捐款组织制作了赵国藩的纪念雕像。

2019年12月29日是赵国藩院士诞辰95周年纪念日，当日上午在他为之奋斗一生的大连理工大学建设工程学部实验3号楼前，举行了赵国藩院士雕像揭幕仪式。塑像中的赵国藩面带和蔼可亲的微笑，目光慈祥坚定地注视着远方，仿佛他还是和我们在一起学习和工作，在雕塑的背面刻着："赵国藩（一九二四—二零一七），山西汾阳人，中国共产党党员，九三学社社员，中国工程院院士，大连理工大学教授，著名土木结构工程专家，辽宁省功勋教师，陈嘉庚奖获得者，工程结构可靠度理论的创立者和钢筋混凝土结构设计理论及其工程应用的开拓者。"

高洁风范，余荫泽后。一代宗师虽已故去，但明德永存，后人对赵国藩的思念，将伴他含笑九泉，每天看到他的塑像，我们就看到了他那期许的目光，就会想起他的音容笑貌。赵国藩院士雕像融合着他追求理想的信念，凝聚着他锲而不舍的精神，激励着我们把老一辈科学家开创的伟大事业不断推向前进。

图 12-3 赵国藩院士雕像（2019 年）

附录一　赵国藩大事年表

1924 年 1 岁	12 月 29 日（农历腊月初四），出生于山西省太原市，籍贯山西省汾阳县（今汾阳市）。在家排行老大，共有兄弟三人。
1931 年 8 岁	入太原的山西省立国民师范学校附属小学读小学。
1937 年 14 岁	山西省立国民师范学校附属小学毕业。
1938 年 15 岁	太原被日军占领，家乡沦陷，与两个弟弟随母亲和表舅一起逃难。在贫困的逃难生活中，艰难地在西安市郊区的农村读完中学。
1945 年 22 岁	夏，在舅舅的资助下奔赴"陪都"重庆。 9 月，进入设在九龙坡的上海交通大学，开始大学生活，学习成绩优秀担任班长。
1947 年 24 岁	加入上海中共地下党的外围组织——新民主主义青年联合会（上海解放后，转为新民主主义青年团）。
1949 年 26 岁	3 月，加入中国共产党。 7 月，从上海交通大学土木工程学系毕业。 7—9 月，在上海华东人民革命大学学习。 9 月，在齐齐哈尔铁路局任工务员。
1950 年 27 岁	3—8 月，在兰州大学水利系任助教。 8 月，调入大连大学工学院（1988 年更名为大连理工大学）土木系任助教、秘书，长期兼任班级辅导员。
1951 年 28 岁	5—7 月，借调到吉林公主岭 810（抗美援朝军用机场）国防修建委员会，任工程师，获吉林

省人民政府授予的吉林省一等模范干部奖章。

9—11 月，借调到辽西绥中 825 国防修建委员会任工程师、工区副主任。

1952 年 29 岁　大连工学院任助教，讲授"钢筋混凝土结构学"课程。

10 月，论文《关于桁架分析的通路法》在《工程建设》第 31 期发表，这是赵国藩在正式期刊上公开发表的第一篇论文。

1953 年 30 岁　1—10 月，论文《结构设计的新理论及方法（上）（下）》在《工程建设》第 38、39 期发表。

11 月，合译的苏联《结构静力学》（建筑力学教程第三部分）由人民教育出版社出版，个人承担第一、二、三、四、十一、十二、十三、十四、十六章，字数 17 万字。

12 月，主译的苏联专家纪卜希曼著的著作《都市交通人工建筑物》（上、下册）由龙门联合书局出版（75 万字）。

1954 年 31 岁　9 月，在大连工学院晋升为讲师。

论文《建筑结构按照极限状态的计算方法》在《大连工学院学刊》第 1 期发表。

1956 年 33 岁　加入九三学社；论文《建筑结构按照极限状态计算原理及其系数的确定法》在《土木工程学报》第 2 期发表。

1957 年 34 岁　2 月，论文《我国某些地区风压和雪载的研究》在《大连工学院学刊》第 1 期发表。

6 月，论文《关于"杆件系统中极限荷载的计算"的讨论（三）、（四）、（五）》在《土木工程学报》第 3 期发表。

8月，论文《配筋混凝土的抗裂计算》在《工程建设》第 84 期发表。

10月，论文《混凝土圆柱体试件抗拉强度的试验研究》在《土木工程》第 5 期发表。

1958 年 35 岁　1月，论文《我国某些地区的雪载及其超载系数》在《土木工程》第 2 期发表。

2月，独译的全苏建筑科学研究院《钢筋混凝土结构论文集》由建筑工程出版社出版，共 11 万字。

1959 年 36 岁　5月，论文《钢筋混凝土梁在剪力作用下的抗裂性、强度和刚度的试验研究》在《土木工程学报》第 2 期发表。

1960 年 37 岁　6月，论文《水工钢筋混凝土结构抗裂性（裂缝出现及裂缝扩展）的计算方法》在《水利学报》第 6 期发表。

8月，论文《钢筋混凝土结构按照数理统计法计算的探讨》在《土木工程学报》第 4 期发表。

1961 年 38 岁　5月，著作《钢筋混凝土结构按极限状态计算》由建筑工程出版社出版。

6月，著作《加筋混凝土计算》由上海科学技术出版社出版。

8月，合著的教材《钢筋混凝土结构及砖石结构（上、下册）》由中国工业出版社出版。

9月，与钱令希等合译的苏联 H.X. 阿鲁久涅扬著的著作《蠕变理论中的若干问题》由科学出版社出版，字数 8 万字。

1963 年 40 岁　6月，被水利电力部聘为高等学校教材编审委员会委员。

1964 年 41 岁　4 月，论文《预应力混凝土、钢筋混凝土构件抗裂性通用计算方法》在《土木工程学报》第 2 期发表。

1965 年 42 岁　4 月，与钱令希、刘恢先、王光远、胡聿贤共同撰写《十年来的中国科学（土木、建筑、水利）1949–1959》的第三章《结构力学》。

1974 年 51 岁　8 月，合著的《钢筋混凝土结构及砖石结构（上、下册）》由中国工业出版社再版。

10 月，合著的教材《水工钢筋混凝土结构（上、下册）》由水利电力出版社出版。

1978 年 55 岁　7 月，经辽宁省批准，越级晋升为大连工学院教授。参编的行业标准《水工钢筋混凝土结构设计规范》SDJ 20–78 由水利电力部发布。

9 月，开始招收第一批硕士研究生。

1979 年 56 岁　6 月，合著的教材《水工钢筋混凝土结构学》由水利电力出版社出版。

8 月，被中国建筑学会聘为《建筑结构学报》第一届编辑委员会委员。

12 月，在美国伊利诺伊大学芝加哥分校出席美国"高强度混凝土"专题讨论会，任组委会委员。

1981 年 58 岁　3—9 月，在美国北卡罗来纳州立大学做访问教授。

1982 年 59 岁　8 月，论文《部分预应力混凝土及钢筋混凝土构件的裂缝控制》在《土木工程学报》第 4 期发表。

10 月，参编的规范《港口工程技术规范　混凝土和钢筋混凝土（设计部分）》JTJ 220—82 由交通部发布。

1983 年 60 岁　8 月，被教育部聘为《教育部十五年（1986—2000 年）科技发展规划》（土木与水利规划组）编制成员。

1984 年 61 岁　10 月，被中国建筑学会聘为建筑结构学术委员会委员。

12 月，主著的国内第一部结构可靠度著作《工程结构可靠度》由水利电力出版社出版。

12 月，当选中国土木工程学会第四届理事。

创建大连工学院结构工程专业博士点，受聘担任博士生导师。

1985 年 62 岁　3 月，开始招收第一批博士研究生。

5 月，出席在日本神户召开的第四届国际结构安全与可靠度会议。

10 月，到瑞士洛桑参加混凝土断裂力学国际会议，担任会议的组委会主席。

参编的《水工钢筋混凝土结构设计规范》SDJ 20–78 获国家科技进步奖三等奖。

1986 年 63 岁　4 月，被大连市委、市政府评为大连市 1985 年度劳动模范。

7 月，出席在英国召开的第二届国际纤维增强混凝土学术会议，并担任国际指导委员会（International Steering Committee）委员、分组会议主席。

12 月，成为总部设在瑞士苏黎世的国际桥梁与结构工程学会（International Association for Bridge and Structural Engineering，IABSE）会员。

1987 年 64 岁　1 月，出席在泰国召开的亚太地区低收入者住宅建筑材料学术会议。

6月，被水利电力部水利水电规划设计院聘为《水工结构可靠度设计统一标准》编制组顾问。

8月，到法国巴黎、瑞士洛桑出席国际桥梁及结构工程协会学术会议。被水利电力部聘为高等学校水利水电类专业教学委员会委员。

9月，合著的教材《水工钢筋混凝土结构学》（水利电力出版社1979年出版）获水利电力部1976—1985年优秀教材一等奖；被聘为水利电力部高等学校水利电力类专业教学委员会委员。

10月，参加在东京大学生产技术研究所举行的钢纤维混凝土的发展学术演讲会；在京都材料学会作题为"混凝土及预应力混凝土结构的发展"的学术报告。

1988年65岁　4月，获全国水运工程标准工作一等奖。

5月，应新加坡国家研究协会之邀，赴香港参加混凝土技术进展国际会议，作"钢纤维混凝土在中国的发展"大会演讲报告。

7月，研究成果"混凝土损伤和断裂机理"获国家教委科技进步奖二等奖；研究成果"钢筋混凝土及预应力混凝土构件裂缝控制计算理论研究"获国家教委科技进步奖二等奖。

9月，参编的《港口工程钢筋混凝土结构设计规范》JTJ 220-82获交通部科技进步奖二等奖；应苏联全苏混凝土及钢筋研究院Ю.Г.Гуца教授的邀请进行访问；应捷克伯尔诺（Brno）工业大学Honig教授的邀请进行学术交流，作了"中国钢纤维混凝土发展"的报告；赴波兰兹德纳参加第二届国际脆性材料学术讨论会（BMC-2），担任会议分组会主席，国际顾问委员会委员，并作学术报告。

10月，出席由国际材料及结构研究协会（RILEM）和国际岩石力学学会（ISRM）及日本东北大学联合举办的断裂韧度及断裂能（混凝土及岩石试验方法）国际专题讨论会，宣读了题为《混凝土断裂韧度和断裂能的测定》的论文。

11月，当选为中国土木工程学会第五届理事会理事。

合著的教材《水工钢筋混凝土结构学》（水利电力出版社1979年出版）获国家教委全国高校优秀教材奖。

1989年66岁　　8月，出席由美国土木工程师学会（ASCE）组织在美国旧金山召开的第五届国际结构安全性及可靠性学术会议，宣读论文《钢筋混凝土结构正常使用极限状态的可靠度分析》。

12月，主编的《钢纤维混凝土试验方法》CECS 13:89由中国工程建设标准化协会发布；被《结构工程学报》聘为编委。

1990年67岁　　2月，应日本九州大学工学部部长高松康生教授和建筑学科松井千秋教授的邀请，到日本九州大学讲学和参观。

3月，出席由国际房屋建筑协会（CIB）和新加坡国立大学联合组织，在新加坡召开的国际房屋维护及现代化学术会议，会后访问了新加坡国立大学土木系并作"基于可靠度的结构设计"的报告。

7月，被中国土木工程学会混凝土及预应力混凝土学会聘为第三届理事；合著的教材《钢筋混凝土及砌体结构（上册）》由中国建筑工业出版社出版；开始招收第一批博士后。

9月，应瑞士苏黎世联邦高等工业学院威特曼（F.H. Wittmam）教授的邀请，赴瑞士洛迦诺参加大坝工程断裂力学研讨会。

12月，被国家教委授予"从事高校科技工作四十年,成绩显著"荣誉证书。

被聘为国际著名学术期刊《水泥与混凝土复合材料》（Cement & Concrete Composites）编委。

1991年68岁　2月，主著的著作《钢筋混凝土结构的裂缝控制》由海洋出版社出版。

4月，合著的著作《混凝土断裂力学研究》由大连理工大学出版社出版。

6月，研究成果"大直径预应力混凝土管桩连片式码头技术开发"获交通部"七五"科技攻关一等奖。

7月，研究成果"工程结构可靠度"获国家教委科技进步奖二等奖。

10月，获国务院颁发的"政府特殊津贴"证书；被中国建筑学会建筑结构学术委员会聘为委员。

研究成果"东风双曲拱坝防治裂缝的研究"获能源部电力科技进步奖一等奖。

研究成果"高拱坝体型优化及结构设计的研究"获能源部电力科技进步奖一等奖。

1992年69岁　4月，受邀赴日本九州大学作学术访问。

6月，主编的标准《钢纤维混凝土结构设计与

243

施工规程》CECS 38:92 由中国工程建设标准化协会发布。

10月，被中国土木工程学会混凝土及预应力混凝土学会聘为第一届纤维混凝土专业委员会主任委员。

11月，研究成果"高混凝土拱坝防裂技术及其在东风工程中的应用"获国家科技进步奖二等奖。

12月，主著的著作《纤维混凝土的研究与应用》由大连理工大学出版社出版。

1993年70岁　3月，参编的辽宁省地方标准《高强混凝土结构设计施工规程》由辽宁省技术监督局发布。

5月，当选为中国土木工程学会第六届理事会理事。

6月，研究成果"混凝土静动力学特性研究"获国家教委科技进步奖二等奖。

9月，赴韩国汉城（现首尔）参加第四届东亚及太平洋地区结构工程及施工学术会议。

12月，研究成果"高强混凝土柱的抗震设计研究"获辽宁省科技进步奖二等奖。

1994年71岁　3月，参编的国家标准《水利水电工程结构可靠度设计统一标准》GB 50199-94 由国家技术监督局和建设部联合发布。

4月，被大连市政府评为大连市 1992—1993 年度劳动模范。

6月，合著的著作《钢筋混凝土结构分析中的有限单元法》由大连理工大学出版社出版；受邀到日本千叶工业大学作学术报告。

7月，任国家科委攀登计划"重大土木及水利工程安全性与耐久性的基础研究"专家委员会委员。

10 月，获中国水利发电工程学会颁发的 1994 年"从事水利发电事业四十年"表彰证书。

11 月，研究成果"异形柱框架结构研究"获辽宁省科技进步奖二等奖。

12 月，获国防科工委光华科技基金会 1993 年度一等奖。

任《亚洲混凝土模式规范》国际委员会的国际委员。

1995 年 72 岁　5 月，获联合国 TIPS 中国国家分部授予的"发明创新科技之星奖"。

6 月，被大连理工大学授予"1994 年度个人重奖一等奖"荣誉证书。合著的著作《钢筋混凝土结构分析中的有限单元法》获全国高等学校水利水电类专业优秀教材二等奖。

7 月，赴澳大利亚参加第六届国际桥梁与结构工程学术会议。

1996 年 73 岁　2 月，被中国土木工程学会混凝土及预应力混凝土分会聘为第四届理事。

4 月，被大连市人民政府授予"技术开发一等奖"荣誉证书；获辽宁省"八五"期间建设科技先进工作者荣誉证书。

10 月，组织在大连召开的第 6 届《亚洲混凝土模式规范》编写国际会议，并任组委会主席；独著的《工程结构可靠性理论与应用》由大连理工大学出版社出版；获国家计委、国家科委、财政部联合颁发的国家"八五"科技攻关重大科技成果证书；获大连市科技奖励基金会颁发的大连市"科技金奖"。

11月，获大连理工大学"优秀研究生指导教师"称号。

科研成果"普定碾压混凝土拱坝筑坝新技术研究"获电力工业部科技进步奖一等奖。

被辽宁省委、省政府授予"辽宁省优秀专家"称号。

1997年74岁　3月，研究成果"混凝土静态及动态断裂特性研究"获国家教委科技进步奖二等奖。

4月，被大连市委、市政府授予"大连市优秀专家"称号。

9月，科研成果"预应力混凝土结构基本问题的研究"获建设部科技进步奖一等奖。

10月，科研成果"底部框支组合墙结构框墙梁受力状态研究"获辽宁省科技进步奖二等奖。

11月，当选中国工程院院士。

科研成果"高强度大体积混凝土材料特性的研究"获电力工业部科技进步奖二等奖。

1998年75岁　3月，当选中国土木工程学会第七届理事。

5月，独著的著作《工程结构可靠性理论与应用》获1978—1996年度大连市优秀著作奖、科技专著一等奖。

10月，合著的著作《工程结构可靠度》获辽宁省科技进步奖二等奖；科研成果"钢管高强混凝土组合柱结构"获建设部科技进步奖二等奖。

12月，科研成果"普定碾压混凝土拱坝筑坝新技术研究"获国家科技进步奖一等奖；科研成果"工程结构可靠度理论及其应用"获国家科技进步奖二等奖；科研成果"预应力混凝土结构设计基本问题的研究"获国家科技进步奖二等奖；科研成果"高强度大体积混凝土材料特性研究"获国家科技进步奖三等奖；参加在香港举行的第五届高层结构国际会议并作特邀报告。

1999 年 76 岁　1 月，主编的标准《钢纤维混凝土结构设计与施工规程》CECS 38:92 获教育部科技进步奖一等奖（应用类）。

4 月，被《工程力学》编辑部聘为编委会顾问。

6 月，主编的教材《高等钢筋混凝土结构学》由中国电力出版社出版，并被推荐为高等学校教材。

7 月，主编的行业标准《钢纤维混凝土》JG/T 3064-1999 由建设部发布。

8 月，独著的著作《工程结构可靠性理论与应用》获辽宁省科技进步奖二等奖（著作奖）。

9 月，被辽宁省人民政府授予"辽宁省功勋教师"称号。

10 月，香港工程师学会结构分会访问大连时赠送"作育英才，科研有成"牌匾。

11 月，主著、获国家科学技术学术著作出版基金资助的著作《钢纤维混凝土结构》由中国建筑工业出版社出版。

12 月，科研成果"混凝土静态及动态断裂特性研究"获国家科技进步奖三等奖。

2000 年 77 岁　6 月，在北京召开的两院院士大会上获陈嘉庚基金会授予的第八届陈嘉庚技术科学奖。

10月，被聘为中国科学技术发展基金会预应力技术（欧维姆）基金专家评审委员会主任委员。

12月，主著的著作《结构可靠度理论》由中国建筑工业出版社出版。

2001年78岁　4月，被大连市委、市政府授予"大连市优秀专家"称号。

2002年79岁　1月，被大连市委、市政府聘为第四届咨询委员会委员；科研成果"高拱坝应力控制标准研究"获国家电力公司中国电力科学技术奖一等奖。

4月，被辽宁省委、省政府授予"辽宁省优秀专家"称号。

9月，合著的教材《钢筋混凝土及砌体结构》由中国建筑工业出版社出版。

2003年80岁　12月，科研成果"施工期钢筋混凝土结构可靠性研究"获河南省科技进步二等奖；科研成果"新老混凝土粘结断裂性能研究及工程应用"获河南省科技进步奖二等奖。

2004年81岁　1月，主著、获国家科学技术学术著作出版基金资助的著作《工程结构生命全过程可靠度》由中国铁道出版社出版。

8月，被聘为中国科学技术发展基金会（欧维姆）预应力技术发展基金第二届（2004—2008年）专家评审委员会名誉委员；主著的教材《高等钢筋混凝土结构学》由机械工业出版社出版。科研成果"沙牌碾压混凝土拱坝筑坝配套技术研究"获国家电力公司中国电力科学技术奖一等奖。

2005年82岁　11月，科研成果"碾压混凝土拱坝筑坝配套技术研究"获国家科技进步奖二等奖。

2006 年 83 岁	5 月，合著的著作《钢骨高强混凝土短柱力学性能》由大连理工大学出版社出版。
	12 月，科研成果"混凝土裂缝评定的断裂力学理论及其工程应用"获辽宁省科技进步奖二等奖。
2007 年 84 岁	1 月，科研成果"混凝土裂缝扩展的断裂理论与分析方法"获教育部自然科学一等奖。
	3 月，被大连市委、市政府授予"大连市优秀专家"称号。
	9 月，被水利部授予"长期奉献水利优秀人员"荣誉称号
2009 年 86 岁	1 月，被聘为詹天佑土木工程科学技术发展基金会欧维姆预应力技术发展专项基金第三届（2009—2012 年）专家评审委员会名誉委员。
	4 月，被大连理工大学授予"大连理工大学建校 60 周年功勋教师"称号。
2011 年 88 岁	4 月，获上海交通大学杰出校友卓越成就奖。
	10 月，被中国水利学会授予"中国水利学会荣誉会员"称号。
	11 月，被《工业建筑》杂志社聘为编委会终身顾问编委。
2012 年 89 岁	5 月，获全国第十二届岩石混凝土断裂、损伤与强度暨大体积混凝土温控与防裂大会突出贡献奖。
2013 年 90 岁	8 月，由宋玉普、王清湘主编的《赵国藩院士论文选》出版。
2017 年 93 岁	2 月 1 日凌晨，在大连逝世，享年 93 岁；5 日早 7 时，遗体告别仪式在大连市殡仪馆特大厅举行。

附录二　代表性著作、教材及论文

代表性著作和教材

1. 钢筋混凝土结构按极限状态计算. 北京：建筑工程出版社，1959.

2. 加筋混凝土计算. 上海：上海科学技术出版社，1961.

3. 钢筋混凝土结构及砖石结构（上、下册）. 中国工业出版社，1974.（合著者：周氏，王从兴，徐积善，张建和，彭天明，许庆尧）

4. 华东水利学院，大连工学院，西北农学院. 水工钢筋混凝土结构（上、下册）. 北京：水利电力出版社，1974.（合著）

5. 工程结构可靠度. 北京：水利电力出版社，1984.（合著者：曹居易，张宽权）

6. 钢筋混凝土结构的裂缝控制. 北京：海洋出版社，1991.（合著者：李树瑶，廖婉卿，文明秀，王清湘，宋玉普，王健）

7. 混凝土断裂力学研究. 大连：大连理工大学出版社，1991.（合著者：徐世烺）

8. 钢筋混凝土结构分析中的有限单元法. 大连：大连理工大学出版社，1994.（合著者：宋玉普）

9. 赵国藩. 工程结构可靠性理论与应用. 大连：大连理工大学出版社，1996.

10. 钢纤维混凝土结构. 北京：中国建筑工业出版社，1999.（合著者：彭少民，黄承逵）

11. 高等钢筋混凝土结构学. 北京：机械工业出版社，2005.（合著者：王清湘，宋玉普等）

代表性论文

工程结构可靠性

1. 结构设计的新理论及方法（上、下）—考虑材料的塑性性能. 工程建设，1953（38）：6–9；（39）：6–15.

2. 建筑结构按照极限状态计算原理及其系数的确定. 土木工程学报，1956，3（2）：5–44.

3. 我国某些地区的雪载及其超载系数. 土木工程，1957，4（2）：81–85.

4. 钢筋混凝土结构按照数理统计法计算的探讨. 土木工程学报，1960（4）：43–48.

5. 结构可靠度的实用分析方法[①]. 建筑结构学报，1984（3）：1–10

6. 结构体系可靠度的近似计算方法. 土木工程学报，1993（5）：9–19.（合作者：李云贵）

7. 基于模糊随机概率理论的可靠度分析模型. 大连理工大学学报，1995，35（4）：528–531.（合作者：李云贵）

8. 一种与结构可靠度分析几何法相结合的响应面方法. 土木工程学报，1997，30（4）：51–57.（合作者：佟晓利）

9. 考虑抗力随时间变化的结构可靠度分析[②]. 建筑结构学报，1998，19（5）：43–51.（合作者：贡金鑫）

10. 影响工程结构可靠度的主要问题及对微调的建议. 建筑科学，1999，15（5）：5–7.

---

① 2018 年获《建筑结构学报》创刊 40 周年优秀论文（共评选出 40 篇）。

② 2010 年获《建筑结构学报》创刊 30 周年优秀论文（共评选出 20 篇），2018 年获《建筑结构学报》创刊 40 周年优秀论文。

钢筋混凝土结构裂缝控制

1. 配筋混凝土的抗裂计算．工程建设，1957（3）：1–7.

2. 钢筋混凝土梁在剪力作用下的抗裂性、强度和刚度的试验研究．土木工程学报，1959，6（2）：91–108.（合作者：高俊升）

3. 水工钢筋混凝土、少筋混凝土及混凝土结构抗裂计算的新方法．大连工学院学刊，1959（4）：133–155.

4. 水工钢筋混凝土结构抗裂性（裂缝出现及裂缝扩展）的计算方法．水利学报，1960（4）：37–59.

5. 预应力混凝土、钢筋混凝土及混凝土构件抗裂性通用计算法．土木工程学报，1964（2）：1–16.

6. 钢筋混凝土构件抗裂度和最大裂缝宽度的试验和计算方法[①].建筑结构学报，1980（4）：532–550.（合作者：高俊升，廖婉卿，王清湘）

7. 部分预应力混凝土及钢筋混凝土构件的裂缝控制．土木工程学报，1982，15（4）：11–17.（合作者：廖婉卿，王健）

8. 钢筋混凝土构件裂缝宽度分析的应力图形和计算模式．大连工学院学报，1984，23（4）：87–94.（合作者：王清湘）

9. 钢筋混凝土受弯构件在重复荷载作用下的变形和裂缝宽度计算．中国公路学报，1991，4（1）：65–87.（合作者：王瑞敏，王清湘，李树瑶）

10. 无粘结部分预应力混凝土梁裂缝宽度的试验研究．建筑结构学报，1991，12（3）：24–34.

混凝土断裂力学

1. 断裂力学在钢筋混凝土及预应力混凝土结构构件抗裂度研究

① 2018 年获《建筑结构学报》创刊 40 周年优秀论文（共评选出 40 篇）。

中的应用. 岩石混凝土断裂与强度，1984（1）：1–11.（合作者：徐世烺，胡志刚，杨辉）

2. 混凝土裂缝的稳定扩展过程与临界裂缝尖端张开位移. 水利学报，1989（4）：33–44.（合作者：徐世烺）

3. 巨型试件断裂韧度和高混凝土坝裂缝评定的断裂韧度准则. 土木工程学报，1991，24（2）：1–9.（合作者：徐世烺）

4. 混凝土大型试件断裂能 G_F 及缝端应变场. 水利学报，1991（11）：17–25.（合作者：徐世烺）

5. 混凝土结构裂缝扩展的双 K 断裂准则. 土木工程学报，1992，25（2）：32–38.（合作者：徐世烺）

6. 四点剪切梁法研究混凝土 Ⅰ–Ⅱ 复合型断裂能 G_F 及其试件尺寸影响规律. 土木工程学报，1995，28（1）：22–32.（合作者：胡倍雷，宋玉普）

7. 混凝土疲劳断裂特性研究. 土木工程学报，1995，28（3）：59–65.（合作者：吴智敏，黄承逵）

8. 混凝土 Ⅰ–Ⅱ 复合型裂纹有效断裂准则. 大连理工大学学报，1996，36（6）：776–781.（合作者：胡倍雷）

9. Fractal analysis of fracture in concrete. Theoretical and Applied Fracture Mechanics，1997（27）：135–140.（合作者：彭军，吴智敏）

10. 碾压混凝土拱坝诱导缝的等效强度研究. 工程力学，2000，17（3）：16–22.（合作者：黄达海，宋玉普）

钢纤维混凝土

1. 钢纤维混凝土在单向拉伸时的增强机理与破坏形态的分析. 水利学报，1986（9）：34–43.（合作者：关丽秋）

2. 钢纤维混凝土设计强度的计算模式. 大连理工大学学报，1991，31（5）：585–591.（合作者：黄承逵）

3. 纤维水泥增强机理的研究. 水利学报，1991（10）：55-59.（合作者：安玉杰，黄承逵）

4. Introduction of a code for design and construction of steel fiber reinforced concrete structure. ACI Material Journal，1991，88（6），SP-128.（合作者：黄承逵，王瑞敏）

5. 配筋钢纤维混凝土板抗冲切性能的试验研究（上、下）. 建筑结构学报，1994，15（2）：11-16；15（3）：63-65.（合作者：安玉杰，黄承逵）

6. 二级配钢纤维混凝土疲劳性能的研究. 中国公路学报，1994，7（3）：29-35.（合作者：黄承逵，彭骏）

7. Properties of steel fiber reinforced concrete containing larger coarse aggregate. Cement & Concrete Composites，1995（17）：199-206.（合作者：黄承逵）

8. 钢筋钢纤维混凝土偏心受拉构件受力变形性能的试验研究. 水利学报，1997，12（12）：58-63.（合作者：黄承逵，朱莉）

9. 预应力钢纤维混凝土梁斜裂缝宽度计算. 大连理工大学学报，1998，38（6）：705-710.（合作者：赵顺波，黄承逵）

10. 混凝土及其增强材料的发展与应用. 建筑材料学报，2000，3（1）：1-6.

混凝土强度理论和本构关系

1. 混凝土内时损伤本构模型. 大连理工大学学报，1990，30（5）：577-583.（合作者：宋玉普）

2. 平面应变状态下的混凝土变形和强度特性. 水利学报，1990（5）：22-29.（合作者：宋玉普，靳国礼，沈吉纳）

3. 应变空间混凝土的破坏准则. 大连理工大学学报，1991，31（4）：455-462.（合作者：宋玉普）

4. 三轴加载下混凝土的变形和强度. 水利学报，1991（12）：

17–24.（合作者：宋玉普，彭放）

5. 三轴受压状态下轻骨料混凝土的强度特性. 水利学报，1993
（6）：10–16.（合作者：宋玉普，彭放，沈吉纳）

6. 轻骨料混凝土在双轴压压及拉压状态下的变形和强度特性. 建
筑结构学报，1994，15（2）：17–21.（合作者：宋玉普，彭放，
沈吉纳）

7. 多轴应力下多种混凝土材料的通用破坏准则. 土木工程学报，
1996，29（1）：25–32.（合作者：宋玉普，彭放，胡倍雷）

8. 碾压混凝土内时损伤本构模型. 工程力学，1995，12（4）：
131–138.（合作者：彭军，宋玉普，赵国藩）

9. Studies of multiaxial shear strengths for roller–compacted concrete.
ACI Structural Journal，1997，94（12）：114–123.（合作者：
彭军，钟永红）

10. 碾压混凝土的正交异性损伤本构模型研究. 水利学报，2001
（5）：58–64.（合作者：高政国，黄达海）

其他

1. 关于桁架分析的通路法. 工程建设，1952（31）：37–42.

2. Design and Construction of Ferrocement U–Aqueducts for Rural
Applications. Journal of Ferrocement，1984，12（2）：235–
240.（合作者：唐铁羽，李树瑶）

3. 钢筋与混凝土间的粘结滑移性能研究. 大连工学院学报，
1987，26（2）93–100.（合作者：宋玉普）

4. X型双肋拱系的侧倾屈曲. 土木工程学报，1989，22（2）：
44–54.（合作者：金伟良）

5. Ductility of high strength reinforced concrete columns. Nuclear
Engineering and Design，1995，I56：75–81.（合作者：王清
湘，林立岩）

6. 高桩码头大管桩桩帽力学性能的三维非线性有限元分析．海洋学报，1996，18（2）：130-137.（合作者：宋玉普，王茂林）

7. 带洞口框支连续组合墙梁的地震效应．建筑结构学报，1998，19（4）：30-38.（合作者：庄一舟）

8. 新老混凝土粘结抗拉性能的试验研究．建筑结构学报，2001，22（2）：51-56.（合作者：赵志方，刘健，于跃海）

9. 外包钢与碳纤维布复合加固钢筋混凝土柱抗震性能试验研究．土木工程学报，2005，38（8）：10-17.（合作者：卢亦焱，陈少雄）

10. 受腐蚀钢筋混凝土构件的恢复力模型．土木工程学报，2005，38（11）：38-44、101.（合作者：贡金鑫）

后记一

　　承蒙赵国藩院士学术成长资料采集小组的信任和重托，我有幸受邀执笔撰写赵国藩先生的传记。我是 2013 年 10 月底正式开始撰写赵国藩院士传记的，我非土木工程专业出身，与赵先生又素昧平生，不揣冒昧，担此重任，困难可想而知。从熟悉材料到整理构思，从发现线索到丰富提高，从停滞不前到茅塞顿开，经历了许多波折与困惑。在撰写赵国藩院士传记中，我深深地被老先生的事迹所感动。他是我国著名的土木结构专家，是忠诚于党的教育事业的辛勤园丁，他热爱祖国、崇尚科学、辛勤耕耘、严谨求实、无私敬业，将全部心血奉献给了我国土木水利工程事业，为我国科教事业发展和人才培养做出了卓越贡献。他的成长经历、创新精神及人格魅力是留给后人无价的精神财富。怀着对赵先生无限崇敬与爱戴之情，我克服日常工作与撰写传记的矛盾与冲突，排除各种不利因素，放弃节假日，加班加点伏案工作，竭尽全力，毫不懈怠，认真研读各类资料，全面梳理赵先生的学术成长经历，广泛进行深入访谈，多次向专家学者求教，终于完成此传。

　　本传记的撰写工作得到了来自各方面的热心支持和鼎力相助。大连理工大学建设工程学部原党委书记马震岳非常重视，认为这是一件十分紧迫且功德无量的事情。他对整个工作进程、时间节点、关键人物的访谈、材料的搜集等提出了许多指导性的意见，并对传记的章节和内容进行了审核和修改，这些都对本书的完成起到了至关重要的作用。

在撰写传记中，还得到了王清湘教授的热情指导和鼎力相助，他先后5次接受访谈，对传记的许多章节进行逐字逐句的修改，并做了大量补充工作。特别令我感动的是，最后几次访谈和稿件修改工作是在他做完眼睛激光手术后完成的。在此传记稿完成后，王清湘教授又一次全面进行审核，并提出宝贵的修改意见。另外，宋玉普、吴智敏教授对传记稿作了全面审核和修改，贡金鑫、徐世烺、吴宗盛、赵顺波、陈廷国等教授，仲伟秋、胡安妮、车轶、裴莲淑等老师为传记的完成也做出了很大贡献。大连理工大学电视台、档案馆等单位的工作人员提供了许多原始档案、期刊资料等，借此，我由衷地感谢这些老师的帮助、支持和理解。

在执笔撰写赵先生传记的过程中，中国工程院政研处、山西农业大学、太原史志办公室、西安史志办公室、上海交通大学档案馆等单位都提供了非常有价值的档案资料。值得一提的是，上海交通大学档案馆的资料都是马宏旺老师帮助联系的，再次表示感谢。

赵先生传记初稿完成后，经工程院专家审核建议，需要进一步搜集素材以更加完善（这些沟通和协调工作主要是马震岳教授完成的）。

2019年6月，我与贡金鑫教授先后到北京、上海、杭州赵先生指导毕业研究生工作比较集中的城市进行采访，收集他们当年与赵先生在一起研究、生活中的点点滴滴资料和生动的小故事来补充和修改传记。7月和9月，贡教授又帮我联系到郑州和西安的采访，为素材采集工作提供了重要帮助。在访谈过程中，得到了李云贵教授、张爱林教授、金伟良教授、郑建军教授、赵志方教授、高丹盈教授、巴松涛高工、李清富教授、李平先教授、王恒栋副总工、冯秀峰主任、戴建国教授的大力帮忙和支持，在此向他们表示衷心的感谢！到西安对姚继涛教授进行专访的过程中，姚教授不但热情地接受了我的专访并帮我联系西安交通大学档案馆，查阅赵先生的有关资料。访谈和资料的查阅，我收获颇丰。借此机会，向姚继涛教授、芦彦波老师和石慧敏馆长（西安交通大学档案馆）表示真诚地谢意！

在完善传记的过程中，不仅得到赵先生众多学生们的支持，赵先生生前一起工作过的同事和熟悉、崇敬他的人也给予了很多帮助。隋允康教授得知此事后，立刻帮我联系当年与赵国藩院士一起工作过的唐铁羽教授，唐教授撰写了回忆赵先生的短文。特别值得一提的是，已80多岁高龄的海河大学周氏教授获悉此事，对整个传记的初稿进行了审核，提出了许多宝贵、中肯的意见。借此机会，向周氏、隋允康、唐铁羽三位教授表示由衷的感谢！

赵国藩院士女儿赵燕、儿子赵健多次为本人提供了许多有价值的信息、资料和照片，对整个传记逐字逐句地进行校对和修改；2019年贡金鑫教授开始参与传记的编写，对全文进行了补充完善和统稿。他们都为这项工作做出了很大的贡献！

特别值得一提的是：中国工程院葛能全先生在百忙中对整部书稿进行了逐字逐句的修改和审定，并提出了深刻中肯、完善的补充意见，使得这本传记思想性、科学性和准确性有了很大的提升。借此机会，我本人对葛先生由衷地表示感谢和真诚的敬意！另外，中国工程院的张健处长、郑召霞老师在传记形成过程中给予了很大的帮助，对此表示感谢！

由于本人水平所限，不当之处在所难免，敬请批评指正。

姜文洲

2020 年 5 月 16 日

后记二

　　我是 2019 年参与传记完善工作的，当时传记初稿已经完成，按照工程院的要求，需要进一步搜集素材和完善。作为得到赵老师生前厚爱的学生，我认为有必要放下自己手中的一些工作，抽出一点时间，协助姜文洲老师的工作。在此之前我同赵老师其他的学生一样，只是接受姜老师的采访，为传记编写提供一些资料。从 2019 年 6 月开始，我与姜文洲老师先后到北京、上海、杭州赵老师指导毕业的研究生比较集中的城市，进行采访，收集他们当年与赵老师在一起研究、生活中的点点滴滴。后来又为姜老师联系、安排好到郑州和西安的两次采访，因工作繁忙，我没有亲自陪姜老师去。整个传记由姜文洲老师主笔，我在姜老师文稿的基础上，利用今年寒假的时间，进一步加工、补充和完善，形成最后的版本。

　　说是得到赵老师生前厚爱的学生，我觉得一点也不过分，因为我有着与赵老师的其他博士不同的经历。

　　我 1986 年本科毕业于西安公路交通大学（现长安大学），毕业后留校工作。我第一次见到赵国藩老师是 1990 年，在嘉兴，代我的本科老师赵继章教授参加赵国藩老师主编的《钢纤维混凝土设计与施工规程》的工作会议，因为我当时做一些钢纤维混凝土的研究，对钢纤维混凝土有一定的了解。我第二次见到赵国藩老师是 1995 年，在西安，参加由西安建筑科技大学承办的全国工程结构可靠度学术会议，当时在结构可靠度研究方面做了一些工作。钢纤维混凝土和结构可靠度是赵老师团队的两个主要研究方向，我的一些研究工作得到了赵老师的认可，他建议我到大连理工大学攻读博士学位（因为我当时已经三十多岁）。我没有硕士学位，赵老师就拿着我发表的论文和获得的科技奖励，到大连理工大学研究生院为我申请直接攻读博士，当时还没有像现在这种"直博"的招生模式，困难可想而知。为这件事，赵老师前前后后到研究生院跑了多次（我入学后当时在读的师兄告诉我的），最后研究生院同意我参加 1996 年春的博士生考试。考试通过后，我于 1996 年 9 月正式入学，开始了我博士研究生的生活。1999 年我博士毕业后，在大连理工大学唐立民教授名下做博士后研究，继续从事结构可靠度的研究，2001 年出站。我攻读博士期间，孩子还小，赵老师对我的家庭非常关照，给的我补助最多。

在赵老师身边多年，赵老师给我的印象可以用十六个字概括：和蔼可亲，生活简朴，品德高尚，治学严谨。

和蔼可亲。赵老师为人豁达、和蔼和谦逊是众人所知的，就像传记中写的一样，赵老师对所有的人一视同仁，不论是领导、同事、学生，他都同样对待，没有高低贵贱之分。他态度谦和，目光透着慈善，笑起来像一个菩萨。

生活简朴。这可以从他的"衣食住行"谈起。"衣"，在我眼里，赵老师就两套服装：便装和西装。绝大部分时间他都是便装在身，只有在正式场合才穿一下西装。如果见到赵老师穿一身西装，那一定是他参加重要的会议或接待重要的客人。即使是那一套西装，也已经穿了很多年。记得赵老师去世后，我与他的家属处理赵老师的遗物时，他的大儿子拿着他那套西装说："这是我父亲最喜欢的一套衣服"。"食"，赵老师在吃方面没有什么讲究，以清淡为主。读博时我曾几次陪同赵老师出差，每次与赵老师就餐，赵老师都说，"还是我老伴做的饭好吃"。我曾在赵老师家吃过两次饭，实际上师母做的饭就是东北式的粗茶淡饭。"住"，赵老师对住也没有什么高的要求，安静便好。我 1996 年到大连参加博士入学考试时，赵老师还住在新华街当年日本人留下的一栋四户二层楼的房子，每户建筑面积约 40m^2。

我博士入学后，赵老师一家搬到了大连市科学家公寓，条件改善了，但大部分空间成了赵老师的书库，到处都是赵老师的书和各种资料。"行"，赵老师出行一般总是选择比较省钱的方式，将费用降到最低标准。我博士入学时赵老师已经七十有三了，行动不是很方便，有时中午从办公室回家（中午学校没有班车），我们向他请示是否叫一辆出租车，他总是说没有必要。大部分情况下他都是坐公交车回家，最多也就是坐"小公汽"（当时从大连理工大学校门口到市内的 502 小公共汽车，车票比一般的大公共汽车贵一点，赵老师把这种小公共汽车称为"小公汽"）。后来，学校有了院士用车的专门规定，他才不再去挤公交了。

品德高尚。这个词从我口里讲出，并不是刻意用一个华丽的词汇赞美赵老师，而是亲身的体会。记得赵老师为我在大连理工大学申请直接读博资格时，我夫人说过一句话："赵老师看中的就是你这种喜欢钻研的人，你给他金山、银山，他也未必会要"。还有一次，我读博时生病住进了学校的医院，一天赵老师的秘书郭书珍老师给我送来了奶粉和补品，说是赵老师让她送过来的。我的相邻病床一位陪护病人的大妈非常不解，喃喃地说"老师还给学生送慰问品！"不是因为这些事情发生在我身上，我就认为赵老师品德高尚，而是这些事情触及了我的心灵深处，有什么能比亲身的经历和感觉更为真实呢？

治学严谨。毫无疑问，赵老师一生取得如此大的成就，与他严谨治学的态度是分不开的。我博士入学后帮赵老师整理《工程结构可靠性理论与应用》一书，他要求我对其中的每一个重要概念，都要认真核实；对于每一个公式，都要反复推演和论证；他把数学系滕素珍老师办公室的电话留给我，叮嘱我遇到数学方面的困难向滕老师请教，坚决不能放过。这也铸成了我后来严格认真的态度。

这本传记从赵老师在世时就开始筹划，期间经历了各种困难，很遗憾赵老师在世时未能看到本书出版。现在这本书终于完成了，大家都为此感到高兴。在姜文洲老师写的后记中，他对为本书编写提供帮助和素材的各位领导、同事、同学等表示了感谢，我不再重复。希望本书能在传播像赵老师这样老一代科学家严谨治学、求实创新精神的过程中起到积极作用，培养青少年正确的人生观和价值观，未来涌现出更多像赵老师这样为国家着想、为人民着想的优秀科学家。

贡金鑫

2020 年 5 月 16 日